LIDERANÇA POSITIVA

LIDERANÇA POSITIVA

PARA ATINGIR RESULTADOS EXCEPCIONAIS

GILBERTO GUIMARÃES

Presidente
Henrique José Branco Brazão Farinha

Publisher
Eduardo Viegas Meirelles Villela

Editora
Cláudia Elissa Rondelli Ramos

Projeto Gráfico e Editoração
S4 Editorial

Capa
Alex Alprim

Preparação de Texto
Heraldo Vaz

Revisão
Sandra Scapin

Impressão
Edições Loyola

Copyright © 2012 *by* Editora Évora Ltda.
Todos os direitos desta edição são reservados à Editora Évora.

Rua Sergipe, 401 – Cj. 1.310 – Consolação
São Paulo – SP – CEP 01243-906
Telefone: (11) 3562-7814/3562-7815
Site: http://www.editoraevora.com.br
E-mail: contato@editoraevora.com.br

DADOS INTERNACIONAIS DE CATALOGAÇÃO NA PUBLICAÇÃO (CIP)

G978L

Guimarães, Gilberto
    Liderança positiva: para atingir resultados excepcionais/Gilberto Guimarães. – São Paulo: Évora, 2012.
    192 p. ; 23 cm.

ISBN: 978-85-63993-37-3

1. Liderança. 2. Administração de empresas. I. Título.

CDD- 658.4

À minha esposa Laura,
por seu apoio e dedicação.

SUMÁRIO

Convite ao leitor
  por Sérgio Alarcon ix

Apresentação
  por Armando Dal Colleto xi

Prefácio
  por Fernando Serra xiii

Mensagem ao leitor
  por Jonio Foigel xvii

Introdução 1

1 Tempos de grandes mudanças: a destruição criativa 5
  Quando as grandes mudanças começaram 6
  Novos tempos, novas organizações, novos líderes 7
  A sociedade do conhecimento 9

2 Evolução do conceito de liderança 13
  Teoria dos traços de personalidade (anos 1920-1940) 13
  Teorias dos estilos comportamentais (anos 1940-1960) 14
  Teorias dos aspectos situacionais ou contingenciais (anos 1960-1980) 17
  Teoria da gestão do sentido (anos 1990) 22
  Teorias com ênfase na arquitetura organizacional (anos 1990) 22

3 Características e competências do líder 24
  Competências e características para definir o líder e a liderança 25

As competências essenciais para liderar 32
　　Superpersuasão, indo além do comum 39

4 O que torna uma liderança eficaz? 41
　　As principais regras e características comuns da liderança 43

5 Liderança positiva 46
　　Conceitos de liderança positiva 46
　　O foco da liderança positiva 47
　　Estratégias da liderança positiva 50
　　Cultivar um clima positivo 51
　　Expandir relacionamentos positivos 53
　　Construir redes de energia positiva 53
　　Reforçar pontos fortes 54
　　Ter uma comunicação positiva 55
　　Criar significados positivos 59
　　Desenvolvendo e implantando a liderança positiva 62
　　Implantando as estratégias para a liderança positiva 65
　　Conclusão 66

6 Avaliação e desenvolvimento de líderes 68
　　Definindo modelos e objetivos 68
　　Técnicas, métodos e critérios de avaliação 71
　　Aplicando as técnicas de avaliação no contexto organizacional 83
　　Plano de desenvolvimento e treinamento 84
　　Estilos de aprendizagem 85
　　Investimento em capacitação 89
　　Medidas de evolução 91

7 A prática de uma liderança positiva aplicada a clientes, fornecedores, parceiros de negócios, acionistas, investidores, família 94
　　A marca de uma empresa e a marca da liderança 95
　　Liderança positiva extramuros:
　　clientes, fornecedores, acionistas 96
　　Desenvolver otimismo e cultivar um clima positivo 97
　　Networking: desenvolvendo
　　relacionamentos positivos 98

8 Clima organizacional positivo, liderança positiva e resultados financeiros 100
　　Clima organizacional positivo 100
　　Great place to work e resultados positivos 101

9 Desenvolvendo a liderança positiva e o otimismo ... 104
Otimismo e liderança ... 112
Avaliação do grau de otimismo ... 114
Otimismo e saúde ... 125
Otimismo e sucesso profissional ... 125

10 Desenvolvendo o otimismo e o bem-estar: a terapia cognitiva ... 127
Estilo explicativo ... 129
Permanência ... 130
Abrangência ... 130
Personalização ... 131
Quem não desiste nunca? Avaliando o otimismo ... 132
Otimismo: aprendendo a transformar pessimistas em otimistas ... 132

11 Liderando equipes para a mudança ... 135
Os desafios na implantação de projetos difíceis ... 136
O campo de atuação dos atores ... 138
A sociodinâmica dos atores ... 140
Como agir sobre os atores ... 144
Os escorregões comportamentais dos atores ... 150
As estratégias de implementação ... 154
A estratégia de criação de projetos laterais ... 155

12 O que fazer para motivar pessoas a atingir desempenhos muito acima do normal ... 162
Comunidade: sentir-se incluído ... 163
Comunicação: sentir-se informado ... 163
Significado: sentir-se importante ... 163
Crenças e valores: sentir-se escolhido ... 164
Recompensa: sentir-se reconhecido e recompensado ... 164

Conclusão ... 167

Referências bibliográficas ... 170

CONVITE AO LEITOR
por Sérgio Alarcon

Em tempo de mudanças cada vez mais presentes e intensas, as companhias tem que se reinventar constantemente. A velocidade de transformação, na quase totalidade das vezes, não é regulada pelo aspecto operacional e técnico, mas pela capacidade e compromisso de os funcionários levá-la a cabo. O gargalo dessa transformação está nas pessoas, não nas organizações e em sua capacidade de investir ou planejar.

Pessoas motivadas, comprometidas, adaptáveis e otimistas são peças fundamentais em qualquer estratégia. Mas, como consegui-las? Onde encontrá-las? A resposta é simples: dentro de sua própria equipe! Este livro de Gilberto Guimarães explora a liderança positiva – o novo modelo e forma de desenvolver líderes, que mostra como alcançar eficácia extraordinária, resultados espetaculares e desempenho muito acima do normal com o seu time. Seus conceitos derivam de desenvolvimentos recentes da Psicologia Positiva e da análise de uma vasta gama de dados cientificamente colhidos de profissionais e empresas que apresentaram resultados extremamente positivos.

O líder bem-sucedido deve aprender a criar ambientes positivos, construir a partir de fortalezas em vez de focar em debilidades, desenvolver emoções positivas, encorajar o suporte mútuo e a colaboração entre todos os níveis da organização e oferecer aos funcionários a oportunidade de um profundo e legítimo sentido para suas vidas. O livro prescreve as quatro estratégias da liderança positiva, estabelece um processo para sua execução e inclui ferramentas de autoavaliação para ajudar o líder no processo de implantação.

Sérgio Alarcon é diretor da Grohe South America

APRESENTAÇÃO
por Armando Dal Colleto

É notório que cada vez mais precisamos de líderes com altamente competentes para lidar com o desconhecido e o inesperado no comando de uma organização!

A maioria dos líderes foi preparada para a repetição histórica de fatos e de problemas. Muitas vezes, deu certo; mas com as mudanças e transformações cada vez mais rápidas, cada vez mais diferentes e cada vez mais tecnológicas e mais globais, esse preparo com base no que já aconteceu deixou de ser suficiente.

Com frequência, altos executivos têm um histórico de sucesso em suas cada vez mais curtas carreiras em várias empresas. Quando o sucesso não ocorre, as crises, sejam políticas ou econômicas, muito frequentes no mundo de hoje, acabam sendo as vilãs da história e o executivo, a vítima do imprevisto.

Eles são muito hábeis em discussões de ROI, Market Share, Gestão de Custos e tantos outros temas clássicos da administração, porém, nesta obra, o Professor Gilberto Guimarães mostra que não são estas as questões que verdadeiramente importam.

Apesar da relevância do capital e da utilidade de ferramentas e técnicas cada vez mais sofisticados, a liderança precisa dominar impecavelmente outras habilidades, as chamadas "*soft skills*" e, além disso, ter uma atitude especial para enfrentar as crises econômicas e sociais, fenômenos cada vez mais rápidos, sobretudo no mundo dos emergentes, em que Brasil, China e Índia são as locomotivas.

Na sociedade do conhecimento, a dependência da inovação sobrepõe-se aos outros fatores empresariais, como o próprio capital, e exige dos líderes qualidades especiais. A explanação que o autor faz sensibilizará o leitor sobre o que é e o que não é prioritário no mundo gerencial dos novos tempos.

As qualidades de liderança do Gilberto, que eu bem conheço desde nossos tempos de início de carreira profissional, recém-saídos do curso de Engenharia, até o momento de ocuparmos cargos diretivos, enquadram-se perfeitamente nos padrões da liderança positiva. Só que, na época, tais qualidades eram vistas como obstinação, otimismo e crença em que tudo é possível! Olhava-se mais o comportamento e as atitudes do líder do que o resultado de sua liderança. Hoje, 30 anos depois, vários estudiosos do assunto, como o autor, estruturaram e organizaram conceitos, exemplos e as principais questões, permitindo-nos melhor compreender e utilizar os frutos dessa faceta da liderança.

Quem se aprofundar na leitura dominará o conceito de liderança positiva e poderá se tornar um líder que atinge resultados de alto desempenho por meio do conhecimento de sua equipe, da valorização do bom, do espírito de colaboração e da inspiração e criatividade do ser humano.

Armando Dal Colletto é diretor da BSP Business School São Paulo – Universidade Anhembi Morumbi

PREFÁCIO
por Fernando Serra

Foi um prazer e uma honra ter sido convidado pelo Gilberto Guimarães a escrever o prefácio de seu livro *Liderança positiva*.

Gilberto é mais que um grande profissional com grande experiência executiva. É mais que um líder e *coach* de líderes. É um ser humano muito especial, com quem tenho tido oportunidade de conviver. Com suas aulas, palestras e artigos ele tem contribuído para a discussão do que é ser um líder e atuar de forma positiva junto a seus colaboradores.

A dedicação do Gilberto ao tema da liderança já vem de outros tempos. Há anos ele se dedica ao estudo e à prática da liderança positiva, conceito que nós, da HSM Educação, apoiamos e incentivamos pela importância cada vez maior. Valorizamos tanto esse conceito, que liderança foi o tema escolhido para um de nossos cursos avançados de desenvolvimento executivo (EDP). E o responsável pela coordenação desse curso, que inclui muito dos estudos e conceitos de Dave Ulrich e, de certa forma, inclui também liderança positiva, como não poderia deixar de ser, é Gilberto Guimarães.

A liderança positiva se apoia em conceitos da psicologia positiva para apoiar líderes e, consequentemente, impactar equipes e organizações, a fim de que atinjam seus objetivos a partir dos pontos fortes das pessoas. A psicologia positiva por sua vez, estuda cientificamente o que motiva as pessoas e as leva a se dedicar a alguma coisa, focando seus pontos fortes, a melhor convivência nos grupos e o melhor ambiente de trabalho.

O livro de Gilberto Guimarães vem ajudar a difundir esse conceito e sua aplicação num momento em que o Brasil vive o desafio, talvez o maior de todos dos últimos 30 anos, de consolidar-se como um *player* global relevante. Nesse desafio, um novo perfil de líder se faz necessário. Mais que isto, com jovens sendo promovidos pela necessidade de crescimento e desempenho, é preciso "construir" novos líderes, que viverão e experimentaram menos, mas que experimentam cada vez mais rápido.

Pessoalmente, tenho estudado o declínio organizacional, que está muito ligado aos processos e às decisões tomadas pelo alto escalão das organizações. Um dos autores clássicos de declínio organizacional é o professor Kim Cameron, também pesquisador de liderança positiva e presente no livro do Gilberto. Recentemente, troquei correspondência com professor Cameron sobre o declínio organizacional e, nesta, o pesquisador mencionou o motivo pelo qual deixou de estudar declínio organizacional, apesar de sua importância. Reproduzo, a seguir, um trecho dessa correspondência:

> "Deixei de estudar declínio porque o foco mudou para o estudo de *downsizing*, uma variante de declínio, mas sob o controle dos gestores. O estudo de *downsizing* me permitiu identificar as diferenças entre empresa que declinaram após o *downsizing* e aquelas que floresceram. As respostas a esta questão me levaram a uma direção diferente em meus estudos empíricos. [No caso, a liderança positiva.]"

Evitar o declínio organizacional e buscar a longevidade das organizações significa trabalhar a mudança, a flexibilidade e a adaptação. A liderança positiva – e a mudança positiva –, como colocado nos estudos de Cameron das empresas com problemas, fazem a diferença para os desafios organizacionais de um ambiente competitivo e mutante como o que vivemos.

O livro de Gilberto Guimarães, mais que trazer conceitos, ajuda líderes e aspirantes a tal no desenvolvimento de um novo perfil e na aplicação da liderança positiva em diversas situações. Não se trata de um livro a mais, nem sequer de um livro de leitura obrigatória. É muito mais que isso. Sugiro encará-lo como livro de cabeceira para qualquer executivo. Por sorte, e pela proximidade com o Gilberto, já tenho o meu e autografado pelo autor.

Fernando Serra é diretor acadêmico da HSM Educação

MENSAGEM AO LEITOR
por Jonio Foigel

Engenheiro, executivo, empreendedor, consultor, professor e novamente estudante, Gilberto Guimarães é, antes de tudo, um grande profissional e um ser humano extraordinário.

É importante ter passado por vários desafios e mudanças profissionais para poder sentir na prática a importância do relacionamento saudável e da energia transmitida por uma liderança engajada e positiva.

O trabalho de motivar e levar as pessoas aos seus limites de dedicação, criatividade e inovação, mantendo um nível de estresse saudável, é uma qualidade fundamental das lideranças de qualquer organização vencedora.

Encarar os desafios com alegria – #to have fun#, como preconiza a escola Norte Americana –, transformando cada impossibilidade em uma série de etapas possíveis de serem realizadas, é uma exigência mínima exigida dos novos líderes.

Gilberto, maratonista forçado a uma aposentadoria atlética precoce, eterno apainoxado pela dinâmica do relacionamento humano, soube trazer de sua experiência de vida metodologias para os profissionais desenvolverem uma liderança com valorização das virtudes individuais.

Desafios e transformações são constantes naturais em nosso mundo empresarial, desde que encaradas de forma estruturada e motivadora.

O livro de Gilberto Guimarães coloca luz no caminho da formação de líderes positivos.

Jonio Foigel é presidente da Alcatel-Lucent Brasil

INTRODUÇÃO

O momento é de grandes mudanças. O que dava certo antes já não funciona mais. As empresas são obrigadas a mudar. Há crises, recessões, globalização, privatização, fusões, modernizações tecnológicas, integração pela tecnologia da informação, necessidade de criar e oferecer novos produtos e serviços, pressão dos clientes, etc. Todas estas situações estão ligadas pela grande necessidade de mudanças, reorganizações e ganhos de produtividade, o que acaba gerando novas formas de trabalho, novos negócios, novas competências e, finalmente, um novo modelo de liderança. Em resumo, mudanças contínuas.

Em um ambiente assim, o gargalo da transformação está nos indivíduos, não nas organizações, e em sua capacidade de investir ou contratar. Pessoas flexíveis, adaptáveis e otimistas vão superar outras mais rígidas, pessimistas, difíceis de mudar. É fundamental que elas desenvolvam competência para liderar com sucesso os processos de mudança.

A transformação mais significativa está no conceito de liderança, provocada pelo surgimento desse novo capitalismo sem capital. Aos fatores clássicos de produção foi acrescentado um novo e fundamental: o conhecimento. Foi ele que criou as novas empresas e a nova sociedade, que Peter Drucker chamou de "sociedade do conhecimento", na qual inovação, informação e conhecimento passam a ser tão ou mais importantes que capital financeiro. Novas e gigantes corporações, as famosas ex-empresas de "porta de garagem" do Vale do Silício, como Microsoft, HP, Cisco, Google, Facebook e Youtube foram constituídas com muito pouco ou quase nenhum dinheiro.

Nesta nova sociedade o "trabalhador do conhecimento" é, finalmente, dono dos meios de produção e do produto do seu trabalho. Ele faz seus horários e controla sua produção, cuida do autodesenvolvimento, estabelece prioridades e não precisa estar subordinado a alguém que fiscalize sua jornada, seu dia de trabalho.

Isso tudo é radicalmente novo e muda por completo a maneira de organizar e liderar pessoas. Não se consegue mais impor a antiga forma de gestão por meio de presença, números, métricas, valores e prazos; por meio de estruturas hierárquicas, predefinidas, "departamentalizadas". Essa dificuldade acarreta uma inadequação dos sistemas clássicos de liderança, avaliação, recompensa e remuneração.

Esses novos tempos pedem uma nova organização das pessoas, e, portanto, novos líderes. O desafio da nova liderança é influenciar e mobilizar pessoas para que desenvolvam motivação para fazer o que "deve" ser feito. O desafio do novo líder é ajudar a criar o novo e mobilizar as pessoas para que implementem as mudanças.

Liderança não é um dom, mas uma tarefa, uma função que pode ser aprendida. Para ter sucesso, um líder precisa, primeiro, conhecer-se muito bem, ou seja: saber como age e reage, o que sabe, do que gosta, o que quer, por que quer, etc. Em seguida, ele precisa aprender a conhecer muito bem os outros —como agem e reagem, o que sabem, do que gostam, o que querem, por que querem, etc. Algumas pessoas podem ter isso como uma característica pessoal inata, mas outras, sem esse dom natural, serão obrigadas a desenvolver essas habilidades e competências.

Nosso objetivo neste livro é apresentar um novo conceito e modelo de liderança. Trata-se da "liderança positiva", criada com base no desenvolvimento da nova psicologia positiva. O conceito de liderança positiva mostra que, para conseguir liderar "trabalhadores do conhecimento" e obter resultados excepcionais, os líderes devem aprender a criar um ambiente extremamente positivo no trabalho. Eles devem aproveitar os pontos fortes de cada um, em vez de simplesmente concentrar-se nos pontos fracos, promover emoções positivas, como compaixão, otimismo, gratidão e perdão, e incentivar as relações de apoio mútuo em todos os níveis, ajudando a criar um senso profundo de significado e propósito no trabalho.

Liderança positiva mostra como ir além do sucesso para alcançar a eficácia extraordinária, resultados espetaculares e desempenho muito acima do normal.

CAPÍTULO 1

TEMPOS DE GRANDES MUDANÇAS: A DESTRUIÇÃO CRIATIVA

Ao longo da história ocorrem transformações agudas que rearranjam toda a sociedade. Em pouco tempo, tudo muda e as pessoas não conseguem nem mesmo imaginar como viviam seus antepassados. Gente que antes mal conhecia o rádio assistiu, ao vivo, a Guerra do Golfo, o 11 de Setembro, a final da Copa do Mundo e, hoje, fala com o mundo todo pelo celular, comunica-se por e-mail, invade e é invadido em sua privacidade, pesquisa via internet e recebe milhões de notícias e informações.

Vivemos um tempo de grandes mudanças, só que desta vez não é apenas na sociedade, mas principalmente nas organizações. A tecnologia, a informática, a eletrônica e as comunicações são os gatilhos dessa transformação, que criam descontinuidades e provocam avanços sem volta, definindo novos paradigmas. A tecnologia da informação e da comunicação integra a maior parte da sociedade economicamente relevante, revolucionando a forma de fazer negócios e liderar pessoas.

Tal como previsto por Marshall McLuham, em 1971, o mundo se transformou em uma aldeia global.

Quando as grandes mudanças começaram

Embora nem sempre seja importante estabelecer um momento de início, um ponto de partida, isso sempre ajuda a explicar o motivo de tantas mudanças. É como tentar saber o que aconteceu durante os bilionésimos de segundos depois do *big bang* fora dos limites e das cláusulas de contorno. Aliás, a física tem muito a ver com todas essas mudanças econômicas e sociais. Até o início do século XX, a física newtoniana reinava absoluta. Ela criara condições para o desenvolvimento das máquinas que alteraram a face da Terra e a economia das nações. Foram as máquinas oriundas das descobertas científicas depois de Galileu, Newton e Maxwell que possibilitaram a automação da agricultura e a criação da chamada revolução industrial dos séculos XVIII e XIX e que mudaram a estrutura econômica do mundo e criaram uma nova sociedade de classes. Muito depois, nos primeiros anos do século XX, novas descobertas e teorias puseram a física de cabeça para baixo. As certezas da era newtoniana não mais tinham significado universal. As teorias da relatividade e a da gravitação de Einstein estabeleceram outros paradigmas. Planck, com os *quanta* de energia, e Heisenberg, com sua teoria da incerteza, criaram a física quântica, que serviu de base para uma nova eletrônica e para as "novas máquinas", responsáveis pelo surgimento da nova sociedade do conhecimento e da informação. E depois que essas "novas máquinas" se tornaram produtos de mercado, o mundo, tanto econômica como socialmente, deicou de ser o mesmo.

Uma evolução social surge em consequência de um desenvolvimento econômico, resultado de aplicações práticas do progresso científico.

Para alguns, que analisam mais pelo viés econômico, todas essas mudanças começaram de fato quando, no começo dos anos 1970, durante a primeira crise do petróleo, a Opep fez os preços dispararem e a energia ficou muito cara, criando nova estrutura e patamar de custos.

Outros acreditam que o processo começou quando o Japão se tornou potência econômica e implantou o conceito de qualidade total.

Há ainda os que defendem a tese de que tudo virou "de pernas para o ar" em 1971, quando Nixon decretou o fim do padrão ouro-dólar, estabelecido desde Breton Woods, e o dólar flutuou.

Pessoalmente, gosto de pensar de forma mais romântica e social. Talvez, tudo tenha começado a mudar quando, em maio de 1968, nas turbulentas movimentações estudantis, os jovens, em todos os lugares, gritavam o lema dos estudantes franceses de Nanterre, "é proibido proibir", exigindo liberdade. Paralelamente, surgia do lado de cá do Atlântico, nos Estados Unidos, o movimento *hippie*, de liberação sexual e social. Amplificando as mudanças, naqueles mesmos anos 1960, o movimento feminista ganhava força com a liderança de Betty Friedan, autora do famoso livro *A mística feminina*, que levou as mulheres, em passeata, a queimar seus sutiãs e reivindicar igualdade de direitos e oportunidades, virando de ponta-cabeça a estrutura machista da sociedade. Apenas alguns anos antes, havia sido criada, pelo químico mexicano Luis E. Miramontes, a primeira pílula anticoncepcional. A pílula permitiu que as mulheres pudessem planejar e controlar suas vidas e criou condições para que elas entrassem fortemente no mercado de trabalho. Esse movimento crescente, que foi mais rápido que a criação de novas oportunidades de trabalho para as mulheres, determinou duas importantes consequências: um certo nível de desemprego estrutural e a necessidade de novos produtos e serviços que atendessem à recém-criada estrutura familiar, na qual marido e mulher permaneciam fora do lar o dia inteiro, trabalhando.

O importante é que, considerando todo o conjunto das possíveis causas, ficava claro que era o início da formação de toda uma nova estrutura social, política, econômica e governamental.

Novos tempos, novas organizações, novos líderes

Como consequência, o que dava certo antes já não funciona mais. Antigas boas ideias, que criaram grandes empresas e líderes de mercado, já não vendem tanto. Grandes companhias, como GM, AT&T, Fiat, IBM, Kodak, etc., que já foram detentoras de maioria absoluta em seu mercado, hoje não mantêm essa liderança e algumas nem existem mais – onde estão, por exemplo, Sears, Mappin e Mesbla?

Líderes e empresas são obrigados a mudar. Salvo em determinados momentos e em alguns países em desenvolvimento, não há mais grandes levas de novos consumidores entrando no "paraíso do consumo", empurrando toda a estrutura para cima e expandindo o mercado. A concorrência de vários *players* de um mesmo segmento, atuando em uma mesma região e vendendo os mesmos produtos, vem se tornando cada vez mais insustentável e, como consequência, ocorrem fusões, incorporações e parcerias estratégicas ou a busca de novos ares, novos mercados e outros países (globalização!).

Quase todas as casas já têm fogão, geladeira e televisão. Para vender um novo eletrodoméstico, uma empresa terá de substituir um usado. Para negociar um carro zero quilômetro, precisa convencer um cliente de outra empresa. Apenas novos produtos como, por exemplo, celulares, *iPods* ou *tablets*, e mesmo assim por pouco tempo, têm mercado aberto e primeiros compradores. Esse esgotamento do mercado exige das empresas muito mais esforço para ganhar espaço.

No pós-guerra, nos anos 1950, o modelo predominante era o *american way of life*, a sociedade de consumo em que a qualidade de vida estava diretamente associada à posse de bens, ao *status* proporcionado por determinados produtos. Naquela época, desenvolveram-se os conceitos de publicidade, propaganda e *marketing*. O importante era agregar à marca o posicionamento e a imagem de luxo, de vitória e de sucesso. Era a época do TER. O mercado era segmentado em classes (A, B, C, D, E), em função do poder aquisitivo das pessoas, e as casas, nos subúrbios norte-americanos, não tinham muros nem garagem, para que os vizinhos pudessem ver a evolução do poder aquisitivo uns dos outros. Os bens consumidos eram indicadores do sucesso.

Após essa fase, começa um período em que, para vender, é necessário deslocar o concorrente e disputar cada cliente, cada negócio. A busca do menor custo e da maior rentabilidade define um parâmetro de qualidade total, com base no modelo japonês, para evitar desperdícios e erros. O consumidor passa a "controlar" o mercado, e as empresas, por necessidade de diferenciação, acrescentam novas vantagens aos produtos, reforçando a imagem de qualidade, além daquelas ligadas ao *status* social. Líderes e empresas desenvolvem, então, campanhas alardeando "eu sou melhor" e não "eu sou mais luxuoso". A propaganda das grandes corporações fica focada na credibilidade e na confiança: "é uma Brastemp", "quem não é o maior tem que ser o melhor". A sociedade deixa de aceitar a máxima "errar é humano" e assume que "errar é errado". Trabalha-se seguindo a filosofia oriental de melhoria contínua, enquanto o desenvolvimento das pessoas passa a ser regido pela regra: "melhores profissionais fazem melhores produtos".

O comportamento do mercado passa a girar em torno de conceitos de estilos. A marca, o modelo e a imagem são o que conta. Os produtos têm basicamente os mesmos preço e qualidade, o que muda é o conceito de estilo de vida associado a eles. Não se compra um produto, mas um estilo. Seja a roupa de executivo ou a caneta do "bem de vida", seja o carro do empresário de sucesso ou o da jovem mãe. Nada mais significa uma melhoria de poder aquisitivo e, como consequência, há uma limitação da expansão do mercado, pois o enriquecimento não mais promove novas compras, e sim a mudança de estilo. Era a época do SER.

Depois disso, ganha espaço um novo modelo de gestão de negócios: o da responsabilidade social, ou seja, da preocupação com o bem-estar coletivo, apoiado na cultura e nos preceitos das sociedades desenvolvidas. Atuando sob essa perspectiva, líderes e empresas passam a desenvolver ações para associar seus produtos a ações de cidadania e de respeito à comunidade, ao meio ambiente, ao consumo responsável, à sustentabilidade, ao apoio aos demitidos e a outras iniciativas sociais. Nessa nova fase, a propaganda pressupõe credibilidade, com atestados e depoimentos de que a marca é realmente responsável, e não mais *mass media*. Novas formas de divulgar um produto surgem no mercado, sempre voltadas à valorização da preocupação da empresa com o meio em que atua. A intenção passa a ser a divulgação da credibilidade, da responsabilidade social avalizada por instituições. É muito mais confiável a divulgação, por meio de material jornalístico, de um prêmio que pressupõe aprovação social do que a propaganda em si. Essa é a forma de gestão de uma nova época. A era do FAZER. Líderes e empresas que tiverem suas marcas associadas a esse conceito de responsabilidade social serão mais simpáticas aos consumidores, afinidade que corresponderá a uma expansão de vendas e será o melhor caminho para estabelecer uma relação de fidelidade com eles. Uma conexão socialmente correta.

A sociedade do conhecimento

Em paralelo, pouco a pouco, um novo modelo foi criado pela evolução da eletrônica, da informática e das telecomunicações. É a sociedade do conhecimento, em que a inovação, a informação e o próprio conhecimento tornam-se até mais importantes que o capital financeiro. O maior patrimônio de uma empresa é a sua base de conhecimento, embora os tradicionais sistemas de registros contábeis ainda não estejam preparados para essa nova necessidade. Em nenhuma linha de balanço aparece o valor do conhecimento, da liderança, das pessoas, dos métodos, dos sistemas ou mesmo das marcas. A presença de um líder como foi Steve Jobs aumentava muito o valor de mercado da Apple. Com a morte dele, e sem nenhuma outra alteração, o valor de mercado ficou menor. O conhecimento é o primeiro "artigo" na história econômica que se produz, é vendido e entregue, mas o "dono" continua com a posse dele. A capacidade de solucionar o problema continua com cada um, o que garante e amplifica o conceito da valorização do indivíduo, pois conhecimento é gente, enquanto competência é conhecimento aplicado.

O trabalhador do conhecimento é, finalmente, o dono dos seus meios de produção e do produto do seu trabalho. Ele tem características próprias: faz seus horários e controla sua produção sem estar subordinado a alguém que fiscalize seu trabalho, cuida ddo seu autodesenvolvimento e estabelece prioridades para a carreira, definindo os pontos que precisam ser fortalecidos.

Isso tudo, como já foi dito, é radicalmente novo e muda por completo a maneira de organizar e liderar as pessoas. Não se consegue mais impor a antiga forma de gestão por meio de números, métricas, valores e prazos; por meio de estruturas hierárquicas, predefinidas, departamentalizadas. Hoje, existe dificuldade para se estabelecer uma relação direta entre o desempenho e a produtividade de um indivíduo e o volume de sua produção, pois é o próprio trabalhador do conhecimento quem define a velocidade e a produtividade de seus meios de produção. Essa situação provoca uma inadequação dos sistemas clássicos de liderança, avaliação e remuneração. O novo modelo demanda o uso de conhecimento e inteligência, enquanto o modelo anterior consumia braços, pernas e boa capacidade de adaptação às regras.

Esses novos tempos pedem uma nova organização das pessoas e, portanto, novos líderes. É um mundo de alta especialização. Não se aplica mais o conceito básico de subordinação. Os trabalhadores do conhecimento sabem mais que seus chefes. Um presidente que fez carreira na área de produção precisa aprender o que fazer com o seu financeiro, ou o seu marketing, e nunca o inverso. Não existe mais aquela estrutura clássica de subordinação, em que as pessoas eram organizadas hierarquicamente em funções. As empresas copiavam a forma de organização dos exércitos ou das igrejas. No exército, a hierarquia impõe a subordinação: "manda quem pode e obedece quem tem juízo", ou é eliminado da estrutura. Nas igrejas, a competência garante a subordinação. Em tese, os superiores foram promovidos porque eram melhores e sabiam mais. O cardeal havia sido bispo e o bispo fora padre. Sabem o que e como um bom padre deve fazer e, portanto podem impor regras e formas de atuação. Ao padre resta obedecer. Hoje, nada disso é mais verdade: a terceirização por especialização, as *joint ventures*, as parcerias, o *outsourcing*, etc. acabam obrigando o gerenciamento sem comando. As empresas se organizam por especialidades, por conhecimento, focadas na sua atividade-fim, contratando especialistas para as atividades que elas conhecem menos. O chefe à moda antiga morreu.

A nova estrutura organizacional precisa incorporar essa flexibilidade e especialização. A organização mais adequada é a de uma orquestra sinfônica, na qual um líder se torna maestro para liderar especialistas, definir e transmitir sua visão, fixar metas, mobilizar e incentivar. Mandar, nunca mais. Ele não é o melhor músico nem o melhor violinista ou o virtuose do piano. O líder já não impõe o poder. Só quem aplica o conhecimento tem o poder. Liderar é influenciar e mobilizar as pessoas, para que desenvolvam motivação para fazer o que deve ser feito, com vontade e o máximo de seu potencial, para atingir os objetivos compartilhados fixados.

Mudam a organização e o estilo de liderança, mudam as competências necessárias e, sobretudo, muda a forma de gestão das pessoas. E não apenas das pessoas, mas do seu conhecimento, das suas experiências e competências e da sua capacidade de aplicar o próprio conhecimento na solução dos problemas. Hoje, faz sucesso na carreira quem resolve, quem inova.

O trabalho clássico do líder é conseguir trazer antagônicos para a sinergia, motivá-los a ser cooperativos e produtivos. O desafio é fazer especialistas solitários trabalharem produtivamente em equipe. O ideal é que as empresas estruturem e gerenciem suas atividades como se fossem projetos, com começo, meio e fim, com objetivo, escopo, prazo e recursos, com resultados esperados e, principalmente, com equipes montadas segundo as complementaridades e necessidades das competências e preferências.

O desafio do novo líder é ajudar a criar a inovação e mobilizar as pessoas para a implantação das mudanças. Para criar o novo é preciso encerrar o velho, desestabilizar, perturbar, desorganizar e fazer a "destruição criativa". Para ser o líder nesses novos tempos é necessário desenvolver as competências essenciais, que devem ser aprendidas e melhoradas. O mundo empresarial exige isso para o sucesso. Finalmente, a arte da liderança se aprende.

CAPÍTULO 2

EVOLUÇÃO DO CONCEITO DE LIDERANÇA

Para melhor compreender os desafios do novo líder, é importante analisar a evolução dos conceitos de liderança no decorrer da história da teoria das organizações. Ao longo dos anos, os estudos sobre a evolução dos conceitos de liderança destacam alguns enfoques e tipologias, dos mais antigas aos mais recentes, tais como:

- Traços de personalidade.
- Estilos comportamentais.
- Aspectos situacionais ou contingenciais.
- Administração do sentido.
- Ênfase na arquitetura organizacional.

Teoria dos traços de personalidade (anos 1920-1940)

As primeiras abordagens da liderança centraram-se na figura dos líderes e na procura das qualidades comuns a todos eles.

Nessa linha, podem ser consideradas duas teorias: a dos grandes homens e a dos traços.

- *Teoria dos grandes homens.* Aceitava a ideia de que a liderança era exercida por chefes natos – homens geniais destinados a exercer profunda influência na sociedade. O poder encarnava-se em uma reduzida quantidade de pessoas, cuja herança e o destino as convertiam em líderes. Ou se tinha ou não se tinha esse dom.
- *Teoria dos traços.* Basicamente semelhante à anterior, enfatizava as qualidades pessoais dos líderes, que deveriam possuir certas características especiais que os faziam diferentes das demais pessoas. Segundo Bryman (1992), os líderes já nascem com alguns atributos físicos (peso e altura), de personalidade (moderação, ajustamento pessoal, autoestima, autoconfiança, sensibilidade interpessoal e controle emocional) e habilidades (inteligência, fluência verbal, escolaridade, conhecimento).

Teorias dos estilos comportamentais
(anos 1940-1960)

Dentre as teorias do estilo comportamental destacam-se dois tipos principais.

Tipologia de Likert. Com base em conjuntos de comportamentos, os líderes puderam ser agrupados em diferentes estilos de liderança. Likert (1961), procurando estabelecer relações entre o comportamento de liderança e sua eficácia, indicou quatro estilos como base para a classificação:

- *Autoritário coercivo.* Autocrático, que organiza e controla tudo o que ocorre. A comunicação é rara e o trabalho de grupo é inexistente.
- *Autoritário benevolente.* Autoritário e impositivo, mas menos rígido que o anterior. Já existe alguma consulta e delegação e, também, recompensas.

- *Consultivo.* Mais participativo; as tarefas e os objetivos são discutidos previamente, existe alguma comunicação de baixo para cima e até encorajamento do trabalho de grupo.
- *Participativo.* Democrático; todos participam na tomada de decisões, existe boa comunicação em todos os sentidos e atinge-se um bom nível de motivação.

O estudo realizado por Likert objetivava definir os estilos de liderança mais apropriados ao contexto organizacional, tendo por foco a comprovação de como, pela inter-relação, orientações comportamentais diferentes afetam situações de trabalho diversas.

Grid de gestão de Blake e Mouton. Os autores procuraram representar os vários modos de usar a autoridade ao exercer a liderança por meio do *grid* gerencial. Essa representação possui duas dimensões: preocupação com a produção e preocupação com as pessoas (Blake; Mouton, 1980).

A Figura 1 demonstra o *grid* gerencial com os cinco estilos de liderança destacados pelos autores.

Ao analisá-la, observa-se que o inter-relacionamento entre as duas dimensões do *grid* gerencial expressa os estilos de liderança e o uso de autoridade por um líder. Os cinco estilos básicos de uso de autoridade, propostos por Blake e Mouton, são definidos a seguir.

- *Estilo 9,1* – Preocupação máxima com a produção e mínima com as pessoas caracteriza o líder que se vale da autoridade para alcançar resultados.
- *Estilo 1,9* – Preocupação máxima com as pessoas e mínima com a produção caracteriza o líder que faz do ambiente de trabalho sua principal preocupação.
- *Estilo 1,1* – Preocupação mínima com a produção e com as pessoas caracteriza o líder que desempenha uma gerência empobrecida.
- *Estilo 5,5* – O meio-termo: preocupação com a produção e com as pessoas no trabalho dentro do pressuposto do homem organizacional.

- *Estilo 9,9* – A máxima preocupação com a produção e com as pessoas caracteriza o líder que vê no trabalho em equipe a única forma de alcançar resultados, estimulando, assim, a máxima participação e interação entre seus subordinados na busca de objetivos comuns.

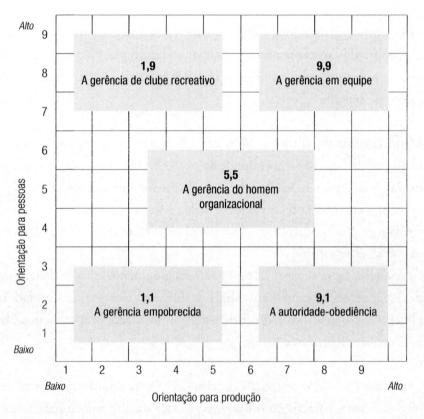

Fonte: Blake e Mouton (1980)

Figura 1. *Grid* gerencial

Os estilos citados são considerados puros; contudo, outras combinações podem ser exploradas ao longo da escala apresentada no gráfico.

Após o desenvolvimento das teorias comportamentais surgem as abordagens relacionadas às teorias contingenciais.

Teorias dos aspectos situacionais ou contingenciais (anos 1960-1980)

Segundo as teorias contingenciais, a liderança é um fenômeno que depende do líder, dos liderados (do grupo) e da situação organizacional. Esse enfoque busca determinar o comportamento que o líder deve assumir para atingir o maior grau de eficácia em cada situação. Dois modelos se destacam.

Modelo contingencial ou do comportamento de Fielder. Esse modelo foi elaborado a partir da identificação do modelo de liderança e da personalidade do líder por meio do LPC (*Least Prefered Coworker* – companheiro de trabalho menos preferido) e da definição da situação. Para Fielder (1967), três fatores situacionais determinam a eficácia da liderança.

- Relações líder-membro, ou seja, o grau de segurança, confiança e respeito que os subordinados têm por seu líder.
- Situação da tarefa, que pode ser estruturada ou desestruturada.
- Poder da posição, isto é, o grau de influência que o líder tem sobre as variáveis de poder.

Cada uma dessas variáveis recebe uma avaliação (boa/má, alta/baixa e forte/fraca, respectivamente). São então geradas oito combinações com as diferentes variáveis e avaliações e, finalmente, combinam-se os estilos de liderança com a situação em que o líder se encontra.

Como conclusão da pesquisa, identifica-se que os líderes orientados para a tarefa costumam ter melhor desempenho em situações muito favoráveis ou muito desfavoráveis e que líderes orientado para relacionamentos costumam se sair melhor em situações moderadamente favoráveis. Segundo Fielder, o aspecto mais relevante dessa teoria é que a eficácia da liderança depende tanto da situação em que o grupo se encontra quanto do líder.

Modelo situacional de Hersey e Blanchard (quatro estilos de liderança). Hersey e Blanchard definem liderança como o processo de influenciar as atividades de um indivíduo ou de um grupo. O modelo elaborado por eles mostra a necessidade de resiliência do líder, considerando esta como a qualidade que permite a um líder conformar seu comportamento a uma situação enfrentada, ou seja, modificar seu estilo e forma de atuação a cada situação para conseguir a melhor produtividade e a mais rápida evolução dos subordinados (Hersey; Blanchard, 1986). A escolha da forma de atuação e do estilo comportamental mais adequado depende da avaliação da maturidade profissional e psicológica do líder e dos liderados.

Maturidade profissional corresponde à existência de competência técnica e de experiência adquiridas e aplicadas na realização de um trabalho. Compreende experiência em trabalhos anteriores idênticos, conhecimentos profissionais e qualidades necessárias e habilidades para a execução de determinada tarefa – simplificando, é o saber fazer.

Maturidade psicológica pressupõe disponibilidade e vontade de assumir responsabilidades inerentes à execução de tarefas na busca de alcançar objetivos definidos – simplificando, é o querer assumir e fazer.

Considerando-se as definições de maturidade profissional e psicológica, podemos distinguir quatro níveis de maturidade geral do liderado, quer se trate de um indivíduo ou de um grupo.

- *M 1 – Maturidade baixa.* A pessoa ou o grupo apresenta baixa competência técnica e experiência profissional, assim como pouca disponibilidade e vontade de assumir responsabilidades. Os colaboradores terão necessidade de receber indicações precisas sobre o trabalho a ser executado e também sobre métodos, normas e procedimentos mais adequados.
- *M 2 – Maturidade média/baixa.* A pessoa ou o grupo apresenta baixa competência técnica e experiência profissional, mas mostra disponibilidade e vontade de assumir responsabilidades. Os colaboradores, por não terem a competência e a experiência, têm necessidade de desenvolvimento, treinamento e supervisão próxima do líder.
- *M 3 – Maturidade média/alta.* A pessoa ou o grupo apresenta boa competência técnica e experiência profissional, mas com baixa autoconfiança; não mostra vontade de assumir responsabilidades. Os colaboradores são muito capazes para executar, mas não demonstram

determinação para fazê-lo por falta de motivação e/ou por insegurança. Têm necessidade, portanto, de segurança e de encorajamento. O líder deve estar junto.
- *M 4 – Maturidade alta*. A pessoa ou o grupo apresenta boa competência técnica e experiência profissional, além de muita disponibilidade e vontade de assumir responsabilidades. Os colaboradores são autônomos e estão aptos a estabelecer objetivos e definir métodos. Têm necessidade apenas de que as linhas gerais de referência sejam estabelecidas e que os limites sejam claramente determinados. O líder não precisa, nem deve, estar próximo e presente.

Ao considerar a forma de atuação e as necessidades, os estilos comportamentais e de liderança, segundo Herse e Blanchard, podem ser classificados em quatro categorias (ver Figura 2).

- *Estilo diretivo*. O líder planifica a maior parte dos trabalhos e toma a maioria das decisões. Ele espera que os colaboradores façam o que lhes foi determinado. A comunicação flui numa só direção: do líder para colaboradores. O líder supervisiona e controla o progresso.
- *Estilo persuasivo*. É o líder quem toma as decisões e estabelece o plano, mas o faz após conversar com os colaboradores e levar em consideração as sugestões dadas. A comunicação é em dois sentidos: o líder informa e escuta. Existe uma interação social e o líder reserva um tempo para escutar e compreender os problemas dos colaboradores e tentar ajudá-los a resolver. Ele dá suporte e encoraja com *feedbacks* positivos e trata as pessoas com respeito e igualdade.
- *Estilo participativo*. O líder comunica o que espera, tanto em relação ao resultado como aos métodos. Ele encoraja os colaboradores a planificar e estruturar o trabalho em função do direcionamento geral estabelecido bem como os apoia e incentiva na resolução de problemas e interage com muita frequência, seja para assuntos profissionais ou pessoais.
- *Estilo delegador*. O líder fornece apenas definições gerais sobre o trabalho a ser feito, permitindo que os colaboradores montem a estrutura

e definir a forma de trabalho. Interage raramente e só faz isso para comunicar objetivos e metas, para fazer controles informais ou quando é solicitado pelos colaboradores. Deixa que eles tomem a maior parte das decisões e façam a escolha das melhores alternativas para atingir os objetivos. Dá o mínimo de *feedback*, encorajamento e apoio, a não ser que haja solicitação dos colaboradores.

Com base no nível de maturidade de cada indivíduo ou do grupo e nos estilos de liderança, o líder deve conformar sua atuação ao modelo mais adequado para cada caso e situação, como, por exemplo:

- Para o nível de maturidade *M 1, baixa*, o estilo mais adequado a ser adotado é o *diretivo*.
- Para o nível de maturidade *M 2, média/baixa*, o estilo mais adequado é o *persuasivo*.
- Para o nível de maturidade *M 3, média/*alta o estilo mais indicado é o *participativo*.
- Para o nível de maturidade *M 4, alta*, o estilo mais adequado a ser adotado é o *delegador*.

Os excessos conduzem a desvios. Por exemplo, um estilo diretivo pode se tornar um autoritário, um persuasivo evoluir para um manipulador, um participativo se tornar "louco por reuniões" e um delegador pode se transformar em um "passador de problemas".

Outro ponto importante a ser observado é que a maturidade geral de um indivíduo ou de um grupo pode mudar em projetos ou tarefas diferentes. Pessoas podem ser competentes e disponíveis em uma situação, mas incompetentes e não disponíveis em outras, porque não conhecem a tarefa ou não se sentem seguras.

A única forma para evitar os erros e excessos é estar atento e aberto à opinião de terceiros que tenham liberdade de avaliar uma atuação. O mesmo líder, com o mesmo grupo, terá, portanto, de se adaptar e utilizar modelos e estilos diferentes de acordo com cada situação, cada tarefa, cada momento e assim por diante.

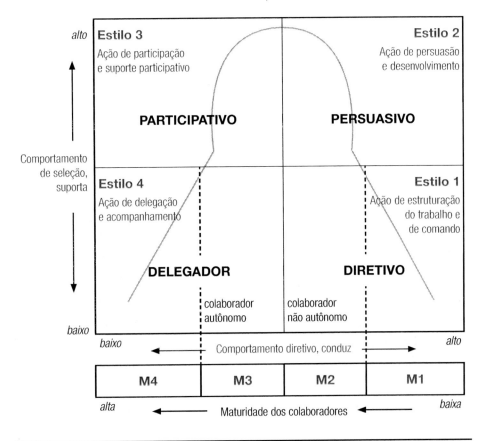

Figura 2. Estilos do líder (Hersey e Blanchard)

Teoria do caminho-objetivo (*path-goal*) de House e Hollander. No enfoque contingencial surge mais uma teoria que ressalta a importância do liderado como um reduto motivacional no processo da liderança. House (1971) e Hollander (1979) consideram a importância da variável motivação nos estudos situacionais. A teoria do caminho-objetivo propõe que os subordinados farão aquilo que os líderes desejarem, caso duas condições sejam cumpridas: primeiro, os líderes devem assegurar que os subordinados compreendam como atingir os objetivos do líder; segundo, devem prever que, nesse processo, os subordinados consigam atingir os seus próprios objetivos pessoais. A tarefa do líder é, então, diagnosticar a função do ambiente e selecionar aqueles comportamentos que assegurem motivação máxima para que os subordinados atinjam os objetivos organizacionais. Os subordinados se sentirão cada vez mais motivados com o comportamento do líder à medida que esse mesmo comportamento, de forma objetiva, comprovar ser uma contribuição decisiva em favor do atendimento das expectativas desses liderados.

Teoria da gestão do sentido
(anos 1990)

A base é o conceito do "sentido da motivação". As razões da motivação são características intrínsecas que dependem de valores e de desejos egoístas e pessoais. O líder deve mobilizar as pessoas a usarem suas motivações intrínsecas para fazer aquilo em que acreditam ou o que precisa ser feito. Ele deve buscar atender às necessidades e ao significado do trabalho, tais como aprendizado, autorrealização, orgulho, competência e sentir-se útil às pessoas e à comunidade. O trabalho significa muito mais que uma troca econômica. O líder eficaz é aquele capaz de ajudar os liderados a identificarem suas próprias necessidades e de conduzi-los à satisfação. A principal função do líder é levar os outros a liderarem a si mesmos, ou seja, desenvolver autoliderança.

Teorias com ênfase na arquitetura organizacional
(anos 1990)

Essas abordagens, como a de Nadler e Tushman (1994), trazem de novo o papel que as organizações têm no processo de liderança. O papel do líder contemporâneo parece relativizado em prol de novas estruturas organizacionais. A liderança está muito mais relacionada a características particulares da organização, à sua arquitetura, à estrutura formal, ao projeto de práticas de trabalho, à natureza da organização informal, ao estilo de operação, aos processos de seleção e desenvolvimento de pessoal. Normas e valores – e não regras e supervisão direta – proporcionarão a coesão necessária ao estabelecimento de uma direção e coordenação ativas. A liderança deverá ser mais e mais compartilhada: os líderes do futuro terão de conhecer profundamente a arte de formação de equipes e de aprender a trabalhar com grupos abertos. No futuro, as vitórias, em vez de partirem de heróis individuais, virão de equipes que compartilham recursos e aprendem a deixar de lado a ambição pessoal em prol do grupo (Ulrich, 2009).

Enfim, para se definir as características e competências da liderança não é suficiente apenas detectar a existência de dom, talento, habilidades, *know how* e conhecimentos. O ato de liderar no trabalho implica interações sociais em que cada elemento faz parte das características e competências. Preferências e estilos comportamentais também precisam ser considerados. Liderar é um processo social e dinâmico. Tudo – o grupo, o mercado, os investidores, o momento econômico, a situação – precisa ser incluído e considerado.

Analisadas as diferentes abordagens relacionadas à evolução dos conceitos da liderança, pode-se passar à compreensão do novo mercado e dos novos desafios da liderança.

CAPÍTULO 3

CARACTERÍSTICAS E COMPETÊNCIAS DO LÍDER

Liderança é essencial. Líderes fazem a diferença. Está claro que a qualidade da liderança determina a história e o sucesso de uma organização, permitindo que esta atenda às expectativas de investidores, clientes e empregados. É fundamental, portanto, definir o que é uma liderança eficaz.

Liderança é uma tarefa, uma atividade. As perguntas que têm de ser respondidas são: Qual é a função da liderança? Que características e competências fazem um líder eficaz?

Uma lista de características sempre aparece como resposta cada vez que essas perguntas são feitas, incluindo visão de futuro, capacidade de execução, caráter pessoal, ser estrategista, ter capacidade de inovar e de criar equipes de alta performance, saber gerenciar projetos e controlar pessoas, ter bom-senso, dispor de inteligência emocional, além de outros fatores. Fala-se também muito em estilo e carisma. Para Peter Drucker, em *Desafios gerenciais para o século XXI*, a liderança, em sua essência, é mais eficácia e desempenho. Liderança inspira e empolga. Warren Bennis, 1986, preferiu definir liderança como o ato de criar e implantar uma visão. Para Collins, 2001, o domínio dos líderes é o futuro. Para que a liderança seja efetiva, a visão de futuro e o direcionamento por *insigths* são fundamentais. Para Rouch e Behling, 1984, "liderança é o processo de influenciar e motivar as atividades de um grupo organizado na direção da realização de um objetivo".

Uma liderança eficaz não precisa de carisma. Grandes líderes políticos e empresariais, eficazes e históricos, que realizaram grandes feitos e transformações, como Lincoln, Roosevelt, Tancredo Neves, De Gaulle, Watson, Walton, Ermírio de Moraes, Sebastião Camargo, Olavo Setúbal e tantos outros, eram até destituídos de carisma e não tinham em comum os mesmos traços marcantes de personalidade e de qualidades. A base da liderança eficaz é a compreensão da sua missão e também da missão da empresa: é saber defini-las e comunicá-las de forma clara; é estabelecer metas, prioridades e padrões; é transmiti-las e conseguir influenciar e convencer.

É importante também que o líder tenha consciência de que liderança é responsabilidade. Não podem ser permissivos nem culpar os outros. Líderes eficazes assumem a responsabilidade final e não temem os subordinados. Eles os encorajam e incentivam. Não importa quanto sejam pessoalmente vaidosos ou humildes, líderes valorizam suas equipes e cercam-se de pessoas independentes e autoconfiantes. Liderança é confiança e respeito. Segundo Drucker, o líder eficaz sabe que a tarefa suprema da liderança é a criação de um significado que justifique e valorize cada ação, cada objetivo, todo e qualquer trabalho. Liderança inspira e empolga.

Competências e características para definir o líder e a liderança

O que é competência

O termo competência é utilizado cada vez mais nas empresas. É, no entanto, relativamente novo na linguagem da gestão de carreiras e da psicologia do trabalho. Antes, eram utilizados preferencialmente os seguintes termos: *saber* (conhecimento), *saber fazer* (habilidade, *know how*), *saber ser* (atitude, comportamento) e, eventualmente, *gostar de fazer* (prazer de fazer). O termo "competência" era mais dedicado aos domínios jurídico e institucional.

O termo competência aparece pela primeira vez no fim do século XVI, ao designar uma aptidão reconhecida legalmente a uma autoridade pública para realizar algum ato em uma determinada condição. Fala-se de uma atribuição, de uma autoridade, de um poder conferido – "tem-se uma competência" e, então, existe um poder conferido de maneira oficial, reconhecido por instâncias superiores. No século XVII, competência torna-se também um conhecimento profundo e reconhecido que confere o direito de julgar ou decidir certos assuntos. Em consequência, a palavra "competente" passa a designar a pessoa capaz de avaliar e julgar alguma coisa em função de seu conhecimento profundo naquele assunto. Passa a ser a capacidade e a autoridade de emitir juízo sobre alguma coisa. Um direito e uma obrigação.

Apenas muitos anos depois, já no século XVIII, é que se considera a competência como uma aptidão para realizar certas atividades. Aptidão passa a designar uma disposição, ou predisposição, natural ou adquirida, e uma capacidade virtual, que, mesmo fora do campo físico, é considerada existente.

Com a evolução, a noção de dom ou de habilidade preexistente não é mais suficiente. Existem outros elementos que passam a fazer parte da avaliação: *know how*, saber como fazer, conhecimento de técnicas, conceitos e materiais, capacidade de representação mental, conseguir imaginar o que será feito e o resultado a ser conseguido. Por causa dessa extensão, alguns preferem a noção de talento em vez de dom, ou seja, uma disposição natural ou adquirida para conseguir realizar certa atividade e atingir determinado objetivo.

No mundo corporativo atual, competência é ter a capacidade de realizar uma atividade, é ter uma resposta, uma solução para algum problema empresarial. Será escolhido entre muitos aquele que apresentar a melhor solução, a melhor resposta para o problema apresentado.

Em resumo, competência é a capacidade de saber realizar algo sob determinadas condições e a garantia de que saberá repetir essa prática em circunstâncias similares, utilizando ao mesmo tempo os conhecimentos previamente adquiridos ou desenvolvidos durante as ações, o *know how*, bem como as características e qualidades pessoais.

Descrever as competências de uma pessoa é responder às seguintes perguntas: O que essa pessoa foi e será capaz de fazer? Como o fez? Com quem e para quem fez? Em quais condições e contexto? Que resultado se pode esperar da sua atuação? Que problemas a pessoa sabe resolver?

Portanto, para definir as competências não basta detectar a existência de talento, *know how* e conhecimentos. O trabalho implica interações sociais e cada elemento dessas interações faz parte das competências. Preferências e estilos comportamentais também precisam ser considerados.

Segundo Ulrich (2009), para estabelecer um critério que permita definir a liderança e o líder, é importante considerar as perguntas clássicas da investigação: quem, quando, onde, o que, por que, como e para quem (*who, when, where, what, why, how and for whom*).

Quem? – Que características físicas correspondem ao líder

Nada indica que exista um biótipo para liderança. No entanto, a imagem física tem um papel importante nas avaliações e escolhas.

Avaliação e imagem. Ainda há quem considere traços e critérios físicos, como altura, gênero, mãos firmes, olhar penetrante, tom de voz, etc. Muitos preconceitos e estereótipos ainda estão embutidos nos processos de avaliação e escolha de pessoas.

Para realizar pesquisa sobre os preconceitos nos processos de avaliação para recrutamento em função da morfologia (corpo), os franceses Laberon, Dubos, Ripon (1998) montaram três conjuntos de fotos "distorcendo", com o uso do *photoshop*, os verdadeiros candidatos. Os mesmos homens e mulheres foram modificados para criar três grupos "diferentes": os mesomórficos (tórax forte e desenvolvido, ombros largos), os ectomórficos (corpo magro, esguio, caixa torácica estreita) e os endomórficos (corpo gordo, ombros baixos, barriga saliente). Liberadas para avaliação, as fotos foram examinadas por 60 tabeliães de cartórios, que, em tese, são pessoas muito racionais que não levam em conta a imagem em casos de seleção. Os "avaliadores" viam as fotos dos candidatos, enquanto, ao mesmo tempo, ouviam partes das entrevistas gravadas com cada um deles. O resultado mostrou que, para as mulheres, as candidatas ectomórficas (magras e esguias) foram mais bem avaliadas e obtiveram notas mais altas, seguidas das mesomórficas (fortes, de ombros largos) e, finalmente, das endomórficas (corpo gordo, ombros baixos). Para os homens, a preferência foi pelos mesomórficos, que obtiveram as melhores notas e avaliação, seguidos dos ectomórficos e, finalmente, dos endomórficos.

Imagem e liderança.[1] Na mesma linha de pesquisa, recentemente, cientistas suíços selecionaram "pares" de fotos de candidatos em eleições para prefeitos de municípios franceses. Cada par incluía o eleito e o derrotado. Essas fotos foram mostradas a 684 adultos suíços, que nunca haviam ouvido falar daquelas pessoas, para que escolhessem, em cada par, quem lhes parecia ser o mais competente e confiável. Em 70% dos casos, a escolha dos suíços foi idêntica à dos munícipes que conheciam bem os candidatos franceses. Esses mesmos pares de fotos foram exibidos para 681 crianças, de 5 a 13 anos, que também não conheciam as pessoas. Neste caso, o pedido foi para dizer quem seria o melhor capitão para um barco que as levaria a uma viagem de aventuras e perigos. Mais uma vez, 71% das escolhas corresponderam aos eleitos na França.

O mais interessante é que essa experiência demonstra de forma científica um fato que é bastante conhecido dos políticos: a imagem da face, como aparece nas propagandas, é a fonte principal de informação utilizada por nosso cérebro em condições nas quais ele é obrigado a fazer escolhas sem os dados da interação direta com o candidato. Não é de espantar que grande parte dos políticos se submeta a tratamentos e operações plásticas com o objetivo de se tornarem mais "competentes". Isso, de certa forma, mostra que escolhemos os líderes de maneira muito instintiva e intuitiva, usando os mesmos mecanismos dos animais (na seleção de macho alfa ou fêmea dominante) e das crianças. A imagem transmitida e percebida é fator determinante em processos de avaliação e escolha.

Quando e onde? – Situação

O líder terá de se adaptar, utilizando modelos e estilos diferentes, de acordo com cada situação, cada tarefa, cada momento, cada liderado, etc. O impor-

---

1 O presente item foi elaborado com base em Reinach (2009).

tante é conseguir fazer as coisas acontecerem, o que significa ter autoridade ou ter poder. As fontes de poder pessoal, por meio das quais um líder busca liderar seus colaboradores, podem ser oriundas de sua posição hierárquica ou de suas características pessoais. Em resumo, podemos falar de seis tipos diferentes.

- *Poder legitimado.* Aquele dependente da posição hierárquica, ou seja, é o direito de comandar.
- *Poder da recompensa.* É o direito de satisfazer os desejos e as necessidades das pessoas por dinheiro, carreira, etc.
- *Poder coercitivo.* Aquele que permite privar as pessoas de alguma coisa, como dinheiro, emprego, privilégios, etc.
- *Poder carismático.* É oriundo de uma característica de personalidade e não depende da posição hierárquica.
- *Poder do especialista.* Depende do reconhecimento das competências e dos conhecimentos superiores que o líder apresenta, como, por exemplo, o poder da informação, que depende da capacidade e da habilidade de possuir informações estratégicas;
- *Poder de conexão.* É a capacidade de costurar ligações afetivas, de amizade e respeito com pessoas-chave, que provocam nos subordinados um sentimento de obediência passiva.

Os dois primeiros – o poder legitimado e o da recompensa – estão ligados à estrutura e às regras de uma organização, mas os demais são mais relacionados ao indivíduo. Um gestor utiliza mais sua autoridade para conseguir um bom rendimento da equipe, enquanto um líder usa suas fontes de poder para influenciar. A questão não é saber qual das duas formas é mais eficaz na gestão de equipes, mas como conciliar as duas formas para conseguir a adesão das pessoas. A escolha de uma atitude depende do tipo de projeto, do tipo de equipe e da situação do momento. Toda vez será obrigatório fazer escolhas em busca de um estilo que se adapte melhor às circunstâncias, ou seja, às situações, ao momento, aos indivíduos, às tarefas e às empresas.

Por quê? – Resultados

Liderança é necessária para fazer as coisas acontecerem e para garantir a realização de esforços até atingir os resultados previstos da maneira certa. O líder precisa comandar e gerenciar.

No processo de gestão de projetos e pessoas, podemos distinguir as funções do gerenciamento e da liderança. O gerenciamento consiste na coordenação e integração dos recursos, realizadas por meio da planificação, da organização, da direção e do controle, a fim de atingir os objetivos especificados. O gerenciamento envolve muito mais controle de recursos, objetivos e tarefas, enquanto a liderança busca influenciar o comportamento e a motivação (ver Figura 3). É evidente que uma direção eficaz deve reunir as duas qualidades, as duas atuações. A função principal do líder é conciliar os objetivos gerais da organização, ou do projeto, com as metas particulares de cada indivíduo da empresa ou da equipe. Para simplificar, podemos dizer que liderar é influenciar pessoas a fazerem o que deve ser feito, enquanto gerenciar é conseguir com que elas façam bem as coisas certas, organizando, coordenando, controlando e buscando a rentabilidade.

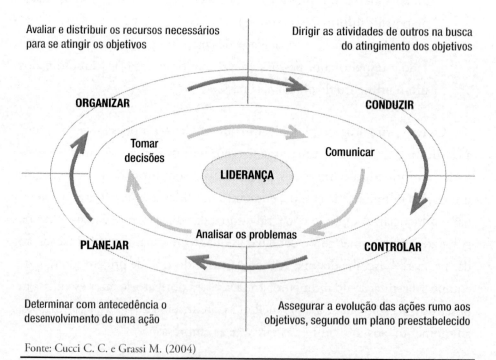

Fonte: Cucci C. C. e Grassi M. (2004)

Figura 3. Gerenciamento e Liderança

Para quem?

O líder comanda para dentro e para fora da empresa. A liderança eficaz vai além do que os líderes sabem, fazem e entregam, pois cria valor para os clientes e investidores, tem uma dimensão externa e, portanto, na definição das competências essenciais para o líder, deve considerar as expectativas dos clientes e dos investidores.

Como? – Como se comporta um líder

Muitos tentam caracterizar o líder ideal por um comportamento preferencial. Um desbravador visionário ou, por outro lado, alguém mais concreto e organizado? Alguém mais racional e técnico ou outro mais sensível e relacional? Um comportamento mais autoritário, impositivo e diretivo ou talvez democrático, aberto e flexível, ou mesmo mais participativo e cooperativo? A escolha de uma atitude depende do tipo de projeto, do tipo de equipe e da situação do momento. Projetos iguais com pessoas diferentes ou em situações e momentos diferentes exigirão estilos de gestão e de liderança diferentes. Não existe um comportamento ideal que possa ser aplicado com sucesso sempre e em qualquer lugar ou momento. Todos os modelos e estilos comportamentais são bons e adequados. Cada qual será perfeito para um determinado momento, uma empresa, um grupo ou uma realidade econômica. O líder, na verdade, tem de ser o que se precisa que ele seja. Ele precisa ser resiliente, sempre se adaptando aos liderados, ao momento, às necessidades.

O modelo situacional de Hersey e Blanchard sobre estilos de liderança mostra essa necessidade de resiliência, a qualidade que permite um líder conformar o seu comportamento a uma situação que ele enfrenta, ou seja, modificar seu estilo e a forma de atuação a cada situação para conseguir a melhor produtividade e a mais rápida evolução dos subordinados. A escolha do estilo comportamental e da forma de atuação mais adequados depende da avaliação da maturidade profissional e psicológica do líder e dos liderados.

Segundo Jean-Jacques Rousseau, autor do ensaio *O contrato social*, publicado em 1762, "desde que os homens começaram a se reunir em grupos, a vida em sociedade é pautada pelo processo de representação, ou seja, pelo olhar do outro. Surgiram os sentimentos de consideração pública, estima, distinção e avaliação social: quem caçava melhor assumia lugar de destaque. Daí foi um passo para transformar o ser em parecer. Você deve ser capaz de parecer ser não a pessoa que é, mas a que precisa ser nas regras e rituais do grupo para se destacar e corresponder às expectativas do público, cujo julgamento é decisivo".

As competências essenciais para liderar

Ser líder é executar uma tarefa que depende da vontade pessoal de cada profissional. Desejar liderar, gostar de organizar o trabalho de pessoas, assumir responsabilidades, definir alternativas e se colocar à frente, etc. – tudo isso pressupõe gostar de liderar e querer fazê-lo. Existem cinco competências essenciais que, mesmo não sendo dom ou habilidade natural, devem ser aprendidas e melhoradas. As tarefas básicas da atuação de um líder nas empresas – planejar, organizar, decidir, avaliar, liderar, comunicar, gerir, negociar, controlar – presumem, de alguma forma, a utilização de uma ou várias das competências descritas a seguir.

Capacidade de escolher, optar

É a capacidade de optar por uma alternativa e abrir mão das demais ou de todo o resto. Todos nós temos dificuldade em fazer escolhas. Não pela dificuldade em optar, mas pelo medo de não fazer a escolha certa, pelo receio de que talvez existam outras alternativas melhores, ainda desconhecidas. Nem sempre se pode ter a certeza de que a ordem dada, o caminho definido e a ação escolhida sejam as melhores alternativas. Na vida empresarial, não fazer, ou não tomar a decisão, é sempre muito pior do que fazer uma escolha – mesmo que não seja a ideal –, decidir e realizar. Esta competência é essencial para a liderança nos processos de negociação e momentos de decisão. Para negociar ou mandar é preciso ter um sentimento de certeza, e existem técnicas para racionalizar e garantir um pouco mais a definição de alternativas, o que facilita a escolha. É fundamental ressaltar que essa sensação de certeza, com um desprendimento pessoal que aceita a possibilidade do risco e do erro, supera os métodos e as técnicas, além de estar intimamente associada à autoimagem e à autoconfiança. Se um líder pretende melhorar sua capacidade de decidir e de escolher, é fundamental que, além das técnicas e características naturais, ele aprofunde o autoconhecimento e amplie sua autoconfiança. É importante buscar as razões mais profundas.

Empatia

É a capacidade de perceber o que os outros querem e conseguir que eles percebam o que você quer. Empatia é ser percebido (transmitir o que sou e quero), é perceber a necessidade dos outros (o que ele é e precisa) e, finalmente, mesmo sem falar, estabelecer um "contrato" (eu vou fazer ou ser, o que você precisa ou quer). Empatia é o contrato, o acordo mútuo, a percepção mútua. Não existe tarefa ou ação empresarial que prescinda da boa comunicação. Comunicação é a capacidade de ouvir o que os outros querem dizer, sobretudo aquilo que não é dito, e de falar aos outros o que efetivamente você quer dizer. Alguns têm como característica pessoal, como uma habilidade natural, a empatia e intuição muito desenvolvidas. Mas empatia se desenvolve e comunicação se aprende. Comunicação não é a habilidade de falar bem, pois 93% dela é não verbal. O tom da voz, a expressão corporal, as condições "falam" muito mais do que as palavras. Para transmitir e convencer, é importante encontrar as pessoas onde elas estão, linguisticamente falando, ou seja, é importante estabelecer o *rapport* com elas. Para isso, é importante usar a mesma linguagem, buscando o mesmo estilo comportamental, o mesmo vocabulário, o conteúdo, a velocidade, o volume da voz, a mesma postura e o mesmo gestual. Como o corpo fala muito mais alto que a voz, é importante manter uma postura corporal semelhante à da pessoa – tipo espelho, ou simetria corporal –, mas com naturalidade, para transmitir confiança. O líder só conseguirá sucesso se desenvolver uma comunicação adequada com todos os envolvidos, seja com clientes, fornecedores, subordinados e superiores, acionistas ou investidores, e com toda a comunidade que o cerca.

Controle de emoções e situações

Outra competência essencial é a capacidade de controlar as emoções. Isso começa sempre pela manutenção do autocontrole, pois quem se descontrola não consegue controlar nada nem ninguém, não será líder e estará governado pelo ambiente. Ter autocontrole não significa eliminar os sentimentos ou deixar de sentir, mas relaciona-se a usar adequadamente os próprios sentimentos e a não reagir descontroladamente diante de uma situação ou de um fato, evitando responder sem pensar. O importante é saber usar o sentimento. Autocontrole é natural para as pessoas mais racionais, mas isso não quer dizer que não se possa desenvolver tal capacidade. A forma mais simples e direta é descobrir quais são os fatores e situações que disparam a perda de controle. Em seguida, é procurar ressignificar-se, tentando criar uma nova sequência de percepção e ação. Os conceitos e princípios da programação neurolinguística podem facilitar esse processo. É claro que se pode recorrer a métodos mais profundos ou a atitudes mais radicais.

Capacidade de antecipar

A capacidade de antecipação, de pensar na frente, é uma das mais importantes. O bom líder é aquele que avalia e prevê o que vai acontecer e não o que apenas reage diante do que já ocorreu. Para não ser pego de surpresa, o líder tem de estar atento e vigilante. Como é humanamente impossível estar vigilante sempre, só dá para avaliar e antecipar-se em relação àquilo que você decidiu manter-se informado e atento. Antecipar é estabelecer prioridades e interesses. É definir aquilo que se precisa conhecer e acompanhar em detalhes, e manter uma vigília estratégica. O futuro não é uma adivinhação, mas a consequência do que já está acontecendo. É como se o proprietário da casa onde você mora há muitos anos lhe pedisse para sair porque a filha dele vai casar e morar lá. De repente, naquele mesmo caminho de todo dia, entre sua casa e o trabalho, você começa a perceber que existem inúmeras placas de imóveis para vender ou alugar, mas, quando não precisava, nem notava. Você vê o que quer ver, ouve o que quer ouvir. Portanto, para estar vigilante na prospecção do futuro é fundamental definir qual é o seu projeto de vida, os objetivos, e ficar atento, monitorando aquilo que é importante para a carreira, a empresa, etc. Esta é a arte do sucesso na carreira: ter um projeto, amplificar as capacidades naturais e desenvolver as competências essenciais, que, provavelmente, são as tão procuradas chaves para o sucesso.

Capacidade de influenciar pessoas

Esta é a capacidade de fazer com que pessoas entendam o que você quer e acreditem em você, fazendo que as coisas aconteçam porque você conseguiu que elas as fizessem.

A arte de influenciar pessoas pode ser aprendida. Na verdade, é a arte de convencê-las a trocar suas convicções, crenças e padrões por novas alternativas, que sejam mais úteis e importantes ao processo. A melhor forma de convencer alguém é induzir esta pessoa a persuadir a si mesma. Convencer pessoas significa modificar nelas o processo percepção-ação.

Influenciar é mudar mentes, criando condições para que indivíduos ou grupos abandonem seu modo habitual de pensar sobre questões relevantes e, a partir daí, passem a vê-las de um jeito diferente. Influenciar significa promover uma mudança nas representações mentais do indivíduo, ou seja, na maneira como ele percebe, codifica, retém e acessa informações.

Os conteúdos da mente também podem ser, de maneira simplificada, entendidos como sendo ideias, conceitos, histórias, teorias e habilidades. Mudar conteúdos da mente significa, portanto, transformar ideias, conceitos, histórias, teorias e habilidades que levam as pessoas a agir de determinado modo. Para alguém aceitar um novo conteúdo, é preciso que isso seja percebido como a solução de um problema ou o atendimento de uma necessidade própria, e que apresente uma vantagem percebida. O novo conteúdo tem de parecer melhor, se destacar, significar mais. A arte do líder é fazer cada pessoa de sua equipe perceber as vantagens, que, em tese, são diferentes para cada um. As vantagens estarão sempre ligadas ao atendimento das necessidades mais básicas, como reconhecimento, poder, aprovação, respeito, aceitação social, segurança e, finalmente, as fisiológicas. Em resumo, é o atendimento das pulsões básicas freudianas: buscar o prazer e evitar a dor, o desejo de ganhar ou o medo de perder.

Os fatores, como alavancas das mudanças, podem ser agrupadas em sete categorias: razão, pesquisa, ressonância, redescrições, recompensas, observações e resistência.

Razão é o processo que, por meio de uma abordagem racional dos fatores relevantes, consegue justificar uma nova representação mental em substituição à antiga. *Pesquisa* é a identificação de casos e fatos relevantes que justificam a mudança da forma de se encarar a realidade. *Ressonância* é uma amplificação "emocional" de conceitos, crenças e valores que, dessa forma, se sobrepõe às crenças e aos conceitos anteriores. *Redescrições* significam basicamente alterar a percepção que se tem dos fatos e desenvolver uma maneira de fazer com que sejam percebidos sob outra forma e significado. *Recompensas* são as ofertas de recursos e meios, que permitem ou induzem a escolha diferente de uma forma de ação a partir de uma mesma percepção. *Observações* de eventos e fatos no mundo real – sejam naturais, científicos, legais – também resultam em mudança de percepção como, por exemplo, a teoria darwiniana da evolução, que alterou toda a base de entendimento da vida. Finalmente, as *resistências* a mudanças ou perdas podem obrigar a uma nova forma de perceber um fato ou conteúdo da mente.

Robert Cialdini (2008) foi, sem dúvida, o pesquisador que mais estudou as técnicas e os processos de influência e persuasão. Nas conclusões de suas pesquisas, ele identificou os seis princípios-chave para a influência social: reciprocidade, coerência, validação social (aprovação), gostar (afinidade), autoridade e escassez – todos com bases evolutivas que remontam à nossa história ancestral.

Reciprocidade
Sentimo-nos obrigados a retribuir favores recebidos.

Todas as sociedades possuem normas e regras não escritas que "obrigam" as pessoas a retribuírem, de algum modo, o que lhes foi dado. Receber presentes, amostras grátis ou favores, mesmo sem serem solicitados, induzem você a comprar produtos ou a escolher pessoas, marcas ou alternativas. A reciprocidade envolve mais que presentes e favores. Inclui também concessões e compensações que umas pessoas fazem às outras. É o que ocorre quando alguém recusa uma proposta maior, por exemplo, e depois fica propenso a aceitar uma segunda oferta a título de compensação.

Em uma experiência feita pela equipe de Cialdini, em meados dos anos 1970, os pesquisadores abordaram um grupo de passantes na rua e perguntar se estariam dispostos a atuar como voluntários levando jovens infratores a um passeio no zoológico. Menos de 17% aceitaram. Depois, com outros transeuntes, fizeram um pedido maior e mais difícil: se aceitariam trabalhar gratuitamente como conselheiros de infratores no centro de correção juvenil. Todos rejeitaram. Mas, logo em seguida, quando eles perguntavam se, então, poderiam ciceronear um grupo de jovens infratores em uma visita ao zoo da cidade, o índice de aceitação subiu para mais de 50%. A conclusão é que, neste caso, as pessoas se viam obrigadas a dizer sim.

Coerência

Sentimo-nos obrigados a cumprir o que prometemos ou a terminar o que começamos.

Quando por alguma razão damos nossa palavra ou confirmamos nossa presença, somos levados a respeitar o que foi dito. Uma experiência feita pela equipe de Joseph Schwarzwald, em Israel, mostra que a quantidade de pessoas que davam contribuições em dinheiro para uma associação de deficientes físicos praticamente dobrou após ter adotado a seguinte prática: uma semana antes de solicitar a doação, os pesquisadores faziam um abaixo-assinado de apoio aos deficientes físicos. Uma semana depois, quem tivesse assinado a lista sentia-se obrigado a contribuir.

Validação social (aprovação)

Um dos modos básicos de decisão, ou optar por uma alternativa, é a observação e a emulação do que as outras pessoas fizeram ou escolheram.

No final dos anos 1960, os psicólogos Stanley Milgram, Leonard Bickman e Lawrence Berkowitz realizaram uma experiência nas ruas de Nova York para validar essa hipótese. Quando eles colocaram uma pessoa fitando o céu sem nenhuma razão ou motivo especial, os passantes desviavam dela ou a empurravam e seguiam em frente. Apenas 4% pararam e se juntaram ao observador. O evento foi repetido, mas agora com cinco pessoas paradas na rua, olhando para cima. Desta vez, mais de 18% dos transeuntes rodearam o quinteto e ficaram mirando o céu. Em outro estágio da experiência, quando o grupo foi ampliado para 15 observadores, o volume de adesão aumentou tanto que chegou a atrapalhar o trânsito, pois mais de 40% dos transeuntes pararam na rua e decidiram olhar para o alto.

Quanto maior o grupo de "validação social", maior será o número de seguidores. Isso valida e justifica as campanhas publicitárias que mostram e divulgam adesões, as pesquisa eleitorais com intenções de voto nos candidatos, os depoimentos, etc.

Gostar (afinidade)

Afinidade, empatia e afeição definem um sentimento de conexão entre as pessoas, como o "gostar" de alguém. As pessoas preferem concordar e dizer sim para aqueles de quem gostam.

Alguns fatores amplificam essa tendência natural. Até mesmo a atração física pode ser um fator a mais. Arrecadadores de doações mais bonitos conseguem mais donativos (conforme pesquisa feita em 1993 por Reigen e Kernan, da Universidade do Arizona), candidatos fisicamente mais atraentes recebem mais votos (segundo Efran e Peterson, da Universidade de Toronto), etc. A similaridade facilita o *rapport* e a empatia e, portanto, a afeição. Bons vendedores simulam ou descobrem elos de conexão com o consumidor para convencê-los da compra. Elogios também facilitam a decisão de "gostar". A cooperação é outro fator que ajuda no desenvolvimento de simpatia e afeição.

Autoridade

Ouvimos e concordamos mais facilmente com especialistas ou com quem tem posição de comando e autoridade.

Diante de uma figura de autoridade, somos levados a aceitar suas opiniões e seguir suas recomendações. Isto explica e justifica o uso de uniformes, paletó e gravata, títulos acadêmicos, cargos, referências a fontes, pesquisas e tudo mais. Publicitários utilizam atores se passando por médicos (ou até mesmo médicos reais) para "vender" produtos ou tratamentos. O poder de persuasão é aumentado com referências a autoridades ou especialistas, que validam e confirmam nossas opiniões e escolhas.

Escassez

Mercadorias, oportunidades e alternativas tornam-se mais desejadas conforme se tem a percepção de que elas ficaram menos disponíveis e acessíveis ou se tornaram escassas.

Publicitários aproveitam muito essa característica, usando com ênfase expressões do tipo "por tempo limitado", "últimas unidades", etc.

A escassez altera não apenas o valor de bens e produtos, mas afeta também a "qualidade" das informações, que, se forem exclusivas, têm mais valor para nós.

Superpersuasão, indo além do comum

Algumas pessoas conseguem ir muito além na capacidade de influenciar e persuadir. São os superpersuasores, que acrescentam algumas técnicas e características adicionais descritas a seguir.

Simplicidade

Fácil de entender, fácil de seguir, é a heurística do cérebro para a influência.

Esta é a razão por que grandes oradores optam por mensagens curtas, diretas e com três palavras. "Vim, vi e venci", disse Júlio Cesar. "Não podemos dedicar, não podemos consagrar, não podemos santificar este solo", afirmou Lincoln, em Gettysburg. Retoricamente, esta estrutura de três reforços usada pelos clássicos oradores de todos os tempos, como o romano Cícero e os gregos Demóstenes e Sócrates, é perfeita – a terceira palavra reforça, confirma e fecha (de novo três) o conceito estabelecido pelas duas primeiras. Se você usar mais que três, arrisca-se a ser redundante; se preferir menos, parece que o "fechamento" é prematuro. A conclusão não poderia ser mais clara: quanto menor, mais nítida e mais simples a mensagem (de novo três), mais favorável é a transmissão e a compreensão de seu conteúdo.

Outro aspecto importante é a utilização de tipos e formas gráficas simples. Em um teste, os psicólogos Hyunjin Song e Norbert Schwarz, da Universidade de Michigan, passaram para os estudantes uma mesma receita culinária, mas escrita com diferentes formatos gráficos. Na avaliação das dificuldades, os estudantes acharam muito mais complicada a realização da receita com caracteres mais rebuscados.

Autointeresse percebido

A melhor forma de persuadir alguém é apresentar as coisas de tal forma que sejam percebidas como de interesse do interlocutor a quem você quer influenciar e nunca como algo de seu próprio interesse.

Humor e incongruência

Humor é essencial. Para mudar a forma de pensar de alguém, faça-o rir.

A importância do humor para influenciar os outros vem de um de seus componentes: a incongruência. As melhores anedotas são as inesperadas, que violam as expectativas. O inesperado nos faz parar para tentar entender. Nessa fração de segundo em que o cérebro tenta se achar, estamos abertos para novas ideias. A neurologia da incongruência está bem pesquisada e documentada. A amígdala do cerebelo, o centro das emoções no cérebro, é mais sensível a um estímulo inesperado do que ao previsível. Essa descoberta comprova que a incongruência não só atrai a atenção (fator-chave no processo de influenciar) como também provoca uma ruptura cognitiva no cérebro. Mas, além do inesperado, incongruência é, sobretudo, o "reenquadramento" e a "ressignificação", ou seja, uma percepção diferente daquilo em que acreditamos.

Confiança

Confiança é um dos mais fortes componentes da persuasão. Obter a confiança da pessoa a quem se quer influenciar ou convencer nos coloca em uma situação privilegiada.

A confiança passa de uma pessoa à outra por meio da linguagem, da aparência, do comportamento, de crenças, percepções, tradições, mitos, cultura, etc. Marcas conhecidas, preços mais altos e certificações fazem acreditar na melhor qualidade do produto. É por isso que marcas fortes fazem sentido em publicidade.

CAPÍTULO 4

O QUE TORNA UMA LIDERANÇA EFICAZ?

Uma liderança eficaz deve valorizar componentes de caráter pessoal do líder e incorporar características institucionais dos sistemas e processos da empresa, segundo Ulrich (2009). A maioria das regras e características é comum a todo líder eficiente e corresponde, em média, a dois terços das competências necessárias, constituindo uma espécie de "código da liderança", como um código DNA. O terço restante, que é o diferencial, pode e deve variar conforme a estratégia, o momento e as expectativas da empresa, incluindo os requisitos de cada negócio ou tarefa.

Essas regras e características comuns do código da liderança estão estruturadas em duas dimensões: o tempo e o foco. A dimensão do tempo considera a necessidade de o líder pensar e agir a curto e longo prazos. Em todos os casos, líderes têm de fazer escolhas, planejar o futuro e definir visão estratégica, missão, metas, planos e objetivos. Precisam criar imagens positivas, otimistas e confiáveis do futuro. Ao mesmo tempo, devem estabelecer a relação entre o projeto do futuro e as ações necessárias do presente.

Em paralelo, os líderes eficazes precisam trazer o foco e a atenção para as pessoas, valorizando suas habilidades e competências, além de gerenciar e desenvolver talentos. A liderança tem de atuar com permanente incerteza. Viver na instabilidade torna muito complicado fazer previsões sobre o que acontecerá com os negócios e, por conseguinte, como será a evolução da carreira de seus colaboradores. Líderes precisam adaptar-se ao "aqui e agora" para acompanhar as evoluções do ambiente e criar modelos de gestão de pessoas e das competências para o longo prazo. Enquanto o período básico do ciclo de produção e controle de resultados é imediato, a base de tempo para a gestão de pessoas é de longo prazo e vai muito além no tempo, sobretudo quando se trata de desenvolvimento de competências, independentemente do setor profissional ou dos cargos. Essa dualidade temporal nos sistemas de gestão acarreta consequências para o desenvolvimento organizacional da empresa. Na definição das necessidades de desenvolvimento das pessoas, em vez de uma de gestão previsional, o mais correto é a criação de um modelo de gestão mais prospectivo, avaliativo, na tentativa de antecipar o que acontecerá no futuro, por meio de observação e análise do que já está ocorrendo.

Essa problemática da incerteza traduz uma necessidade de antecipar as decisões, que se impõem, particularmente, no domínio das competências essenciais para o sucesso do negócio e dos indivíduos. É importante ressaltar que, nesses tempos de grandes mudanças, é muito mais complexo o desenvolvimento e a gestão das competências. A aceleração do ritmo das empresas (ciclos de vida dos produtos, evoluções tecnológicas e organizacionais, mudanças sociais, etc.) afeta todas as suas áreas, incluindo as funções dos recursos humanos, que devem adaptar-se cada vez mais rapidamente às necessidades de novas habilidades e competências. Todos devem estar preparados para enfrentar uma mudança profunda e rápida da natureza do trabalho. Para isso, é necessário não somente formar o pessoal para acompanhar a evolução do mercado e das tecnologias, mas também reciclar os funcionários cujo ofício desapareceu. Assim, as ansiedades e expectativas dos empregados devem ser – muito mais que antes – levadas em conta, porque o descontentamento e as frustrações podem originar disfunções prejudiciais ao desempenho global da organização. Há uma tripla responsabilidade da liderança no gerenciamento da evolução das competências:

- *Econômica* – para permitir que as organizações aumentem seu desempenho global, reforçando a relação existente entre a política de desenvolvimento da empresa e sua estratégia de gestão.
- *Empresarial* – porque se trata de conceber um sistema de gestão de pessoas que se ocupe de todos.
- *Individual* – para que cada um possa continuar empregável ao longo de toda a sua vida profissional.

A liderança começa com o desenvolvimento do próprio indivíduo. O líder precisa se tornar altamente proficiente na gestão, desenvolvimento e controle de si próprio.

As regras e características comuns a todos os líderes formam uma espécie de código da liderança, tal como construído por Ulrich (2011), e podem ser resumidas nos cinco itens descritos a seguir.

As principais regras e características comuns da liderança

Antecipar e preparar o futuro

É a dimensão estratégica. Um estrategista precisa não só "imaginar e criar o futuro", mas também transmitir essa visão a quem está ao seu redor e conseguir convencê-lo a colaborar. Líderes testam modelos, projetam cenários, avaliam recursos e definem uma visão de futuro, além de posicionar e estruturar a empresa e seus profissionais para enfrentarem com sucesso esse futuro.

Fazer acontecer

Para fazer as coisas acontecerem, o líder precisa ser um executor, ou seja, conseguir transformar ideias e estratégias em ações e realizações. Deve decidir e escolher caminhos e alternativas, selecionar pessoas, montar equipes e saber implementar mudanças. Fazer acontecer significa ter autoridade ou ter poder. Um gestor utiliza mais sua autoridade para conseguir um bom rendimento da equipe, enquanto um líder usa suas fontes de poder para influenciar. O desafio da liderança é conciliar as duas formas para conseguir a adesão das pessoas.

Identificar e atrair o profissional talentoso

Os líderes eficazes sabem identificar, construir e envolver profissionais para obter resultados. Líderes gestores de talentos sabem identificar pessoas com habilidades necessárias, atraí-las, engajá-las e motivá-las para que deem o melhor de si. Sabem também montar equipes de alta performance.

O que você precisa conseguir para montar uma equipe é criar a sinergia do grupo, ou seja, somar talentos e competências individuais para que o resultado da ação conjunta seja superior à atuação de cada um dos indivíduos. Para isso, não basta juntar os melhores talentos individuais. Aliás, na maioria das vezes, equipes de "estrelas" têm problemas de funcionamento e gastam muito mais tempo para tomar decisões e fazer escolhas, com cada um tentando persuadir os outros membros a adotar seus pontos de vista e apontando a fragilidade dos argumentos alheios. Normalmente, as "estrelas" se mantêm fiéis às suas formas de atuação, ideias e convicções, sem levar em conta os parceiros, tornando impossível a sinergia e uma liderança adequada.

A escolha correta deve se basear nas habilidades complementares para ocorrer sinergia e na capacidade de cada indivíduo de contribuir para alcançar as metas e os objetivos do projeto. As equipes devem ser estruturadas levando em consideração os perfis ou tendências pessoais e a personalidade dos indivíduos. A formação de boas equipes exige seleção minuciosa, que não seja eventual, mas uma tarefa contínua e permanente.

Finalmente, equipes de alta performance precisam ter liberdade para atuar e estabelecer seus métodos de trabalho, a fim de se tornarem capazes de executar suas tarefas e atingir suas metas. Sempre motivadas por um sentimento de poder agir com liberdade e de tomar decisões, são compostas por pessoas comprometidas, com responsabilidade e disponibilidade para reconhecer problemas e desenvolver soluções. Isso depende sempre do estilo de liderança.

Os líderes que formam as melhores equipes são aqueles flexíveis, resilientes, que acreditam nas pessoas e são tolerantes a erros, pois o medo de errar atrofia a criatividade, o espírito inovador e até mesmo a honestidade do grupo.

Formar as próximas gerações

Líderes fomentadores de capital humano desenvolvem pessoas para garantir que a empresa tenha, no futuro, um novo grupo de profissionais com as competências necessárias para o sucesso estratégico de longo prazo. Eles também precisam formar os futuros novos líderes, para garantir que a empresa sobreviverá à saída ou troca de um profissional no comando, qualquer que seja ele.

Investir no próprio desenvolvimento

Líderes eficazes são mais do que aquilo que sabem e fazem. As características e competências pessoais são fatores determinantes para suas realizações e para a obtenção de resultados positivos, em conjunto com outras pessoas e por meio delas. Eles são otimistas, inspiram lealdade e boa vontade porque agem com integridade e confiança. Confiantes, podem suportar a incerteza e o risco. Líderes competentes buscam desenvolver e aprimorar suas características e crenças pessoais para que possam conseguir as mudanças que desejam realizar. Qualquer que seja seu estilo de comportamento, todo líder precisa ser visto como tendo competência para conquistar seguidores.

CAPÍTULO 5

LIDERANÇA POSITIVA

Conceitos de liderança positiva

A liderança positiva é um novo modelo e forma de implementar a liderança. É composta por um conjunto de práticas e estratégias que pode ajudar os líderes a fazer com que as equipes alcancem resultados espetaculares e performances muito além do esperado. Os conceitos da liderança positiva derivam do desenvolvimento da psicologia positiva (conforme estudo de Seligman) e de uma vasta gama de análises e avaliações de pessoas em empresas com resultados extraordinários. A liderança positiva mostra que, para obter resultados excepcionais, os líderes devem aprender a criar um ambiente extremamente positivo no trabalho. Eles devem aproveitar os pontos fortes de cada um, em vez de simplesmente se concentrarem em seus pontos fracos. Devem aprender a elogiar e promover emoções positivas, como compreensão, compaixão, otimismo, gratidão e perdão, desenvolver e incentivar as relações de apoio mútuo em todos os níveis, além de fornecer aos funcionários um senso profundo de significado e propósito no trabalho.

A liderança positiva surgiu como resposta às demandas das empresas modernas diante do desafio desses novos tempos. Ela veio para criar novas formas e alternativas, contribuindo para que gestores de pessoas liderem suas equipes na busca de resultados com performances extraordinárias.

Grande parte dos modelos e conceitos tradicionais sobre liderança fundamenta-se na experiência pessoal de quem já teve sucesso ou em fórmulas inspiradoras do que deve ser feito. A liderança positiva vai além e acrescenta estratégias práticas e experimentadas sobre "como as coisas devem ser feitas", ou seja, define técnicas, comportamentos e atitudes de como proceder para enfatizar o positivo e atingir resultados.

O foco da liderança positiva

Liderança positiva está focada em três pontos.

- *Desempenhos positivos, ou seja, conquistas de resultados muito acima do convencional.* Liderança positiva é estruturada para apoiar indivíduos e organizações na busca de alto nível de realizações.
- *Positividade.* Orientação para valorizar força, otimismo e apoio em vez de fraqueza, pessimismo e crítica. Isso não significa ignorar erros e eventos negativos, mas tentar construir soluções e resultados positivos sobre essas ocorrências.
- *Virtuosismo.* Como no eudemonismo, doutrina que tem a felicidade como princípio, a liderança positiva aproveita a tendência humana de buscar o bem-estar e procura reforçar as pulsões básicas dos seres humanos: Eros e Tanatos, busca do prazer e evitação da dor, tal como definidas por Freud.

Em resumo, liderança positiva enfatiza aquilo que valoriza indivíduos e organizações, o que dá certo e cria bem-estar, além das boas experiências, realizações extraordinárias e inspiradoras. Implementar uma liderança positiva significa promover desempenhos afirmativos no trabalho, desenvolver boas relações interpessoais e comportamentos adequados, incentivar emoções positivas, manter bom humor e criar redes de relacionamentos de energia positiva.

Liderança positiva e desempenhos positivos

Apesar de focar em aspectos positivos, liderança positiva não significa ignorar os momentos em que ocorrem condições negativas e situações com erros, crises ou problemas. Na maioria das vezes, as pessoas apresentam dificuldades em manter uma atuação extraordinária, mas ótimos desempenhos podem ser conseguidos pela necessidade de sobrepujar amplos obstáculos.

Atitudes de coragem, resiliência, determinação e espírito de cooperação só ocorrem em um contexto de grandes desafios. Fica claro que alguns dos melhores atributos humanos e organizacionais aparecem quando as pessoas são confrontadas por obstáculos intransponíveis ou inimigos poderosos. Nesses momentos, o indivíduo e/ou o grupo vão muito além do possível, do ordinário. Eventos negativos têm o dom de disparar comportamentos extraordinários. Notícias negativas geram mais audiência, *feedbacks* negativos afetam mais as pessoas e eventos traumáticos criam maior impacto, deixando mais sequelas. Uma análise psicológica mais profunda mostra que o ruim é mais forte que o bom.

As pessoas reagem de maneira mais consistente a fenômenos negativos – instintivamente para sobreviver – e aprendem desde cedo que devem estar vigilantes, antecipando-se aos eventos negativos e ameaçadores. Para obter desempenhos positivos, não é preciso haver as melhores condições, assim como a falha não é necessariamente consequência das piores condições. Não importa se as circunstâncias são positivas ou negativas nem se as condições são facilitadoras ou desafiadoras, pois sempre é possível atingir desempenhos positivos acima do comum.

São demonstrações de desempenho positivo quando uma organização parece que vai falhar, mas acerta, ou quando dá a volta por cima diante da expectativa de quebrar e se mantém flexível e ágil, apesar da aparência de rígida e ultrapassada. Não apresentar falhas ou erros, mesmo nas piores condições, também é exemplo de resultado acima das expectativas.

Uma das formas de dimensionar os desempenhos está descrita na tabela a seguir por meio da comparação entre os negativos (abaixo da norma), normais e positivos (acima do usual), com pontos problemáticos em um extremo e excepcionais em outro. Do ponto de vista individual, temos, de um lado, as doenças psicológicas e fisiológicas e, do outro, os estados de boa forma física e mental. Do ponto de vista organizacional, as colunas separam o diagnóstico da ineficiência e ineficácia em contraste com os desempenhos extraordinários e altamente confiáveis.

A maioria das organizações está estruturada para ter bons resultados – apresentados no meio da Tabela 1. Todo o trabalho é voltado para a busca da estabilidade e da previsibilidade, tentando evitar surpresas, fugir das incertezas e controlar qualquer desvio. Uma liderança positiva procura resultados e desempenhos muito acima da normalidade e das expectativas usuais. Para conseguir isso, não basta aplicar os conceitos.

Tabela 1. Tabela de desempenhos positivos excepcionais, organizada por Cameron (2008)

DESEMPENHO	NEGATIVO	NORMAL	POSITIVO
Individual			
• Fisiológico	Doença	Saúde	Vitalidade
• Psicológico	Doença	Saúde	Fluido – Flow*
Organizacional			
• Econômico	Não lucrativo	Lucrativo	Generoso
• Efetividade	Não efetivo	Efetivo	Excelente
• Eficiência	Ineficiente	Eficiente	Extraordinário
• Qualidade	Propenso a erro	Confiável	Perfeito
• Ética	Aético	Ético	Benevolente
• Relacionamento	Prejudicial	Útil	Honorável
• Adaptação	Ameaça	Cuidadoso	Florescente

* *Flow*: com base no estudo do processo criativo e analisando o fenômeno da motivação intrínseca, Mihaly Csikszentmihalyi desenvolveu este conceito. O estado de *flow*, também chamado de experiência máxima, permite que o indivíduo se envolva completamente na sua atividade, empregando nela o que de melhor tem a oferecer, sem precisar de motivação externa, supervisão, controle ou qualquer tipo de monitoramento; a ação lhe é intrinsecamente recompensadora na medida em que é exercida.

Ao implantar os novos conceitos, você tem de ir além da mudança de comportamentos e atitudes. Precisa questionar crenças e valores, ter a coragem de acreditar que dá para superar as metas e confiar na capacidade das pessoas assim como nas possibilidades do virtuosismo e da excelência acima do limite.

Estratégias da liderança positiva

O modelo prescreve quatro estratégias específicas de liderança positiva, estabelecendo um processo para sua execução, e inclui um instrumento de autoavaliação para ajudar os líderes no processo de implantação.

- Cultivar um clima positivo.
- Desenvolver relacionamentos positivos.
- Ter uma comunicação positiva.
- Criar significados positivos.

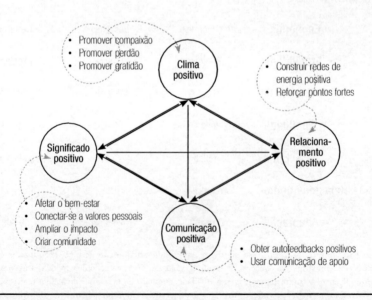

Figura 4. As quatro estratégias definidas por Cameron (2008)

Cultivar um clima positivo

O termo cultivar um clima positivo significa criar as condições nas quais as emoções positivas superam as negativas. Empregados com atitudes joviais e perspectivas otimistas são típicos de ambiente positivo, enquanto é comum colaboradores demonstrarem estresse, ansiedade e falta de confiança sob clima negativo.

Pesquisas comprovam que a existência de clima satisfatório no ambiente de trabalho, no qual prevalecem emoções positivas, conduz à otimização da atuação dos indivíduos ou dos grupos e ao alcance de resultados acima do normal, de acordo com pesquisas realizadas por Barbara Fredrickson, da Universidade de Michigan.

A criação de um clima positivo é fortemente influenciada pela atuação do líder. São eles que afetam o clima organizacional pela forma como induzem, desenvolvem e demonstram emoções positivas. Fomentar emoções positivas, como alegria, confiança, amor e apreciação, e reduzir as negativas, como medo, raiva e ansiedade, provocam um aumento significativo da capacidade cognitiva, da retenção de informações, da criatividade e da produtividade das pessoas.

Por outro lado, críticas, ocorrências negativas, eventos ruins, desaprovações, maus *feedbacks*, etc. induzem as pessoas a ter medo dos erros e, portanto, a reduzir sua criatividade e capacidade de solução de problemas.

Avaliações negativas, desaprovações e maus eventos têm uma influência muito maior e deixam memórias mais duradouras do que bons eventos e elogios. Uma crítica no meio de elogios, uma só desaprovação durante um *feedback* e um mau relacionamento num ambiente agradável provocam um efeito negativo desproporcional no clima organizacional.

As pessoas têm a tendência natural de prestar mais atenção ao negativo – ao que é ameaçador – do que ao positivo. É instintivo: ignorar uma ameaça pode ser fatal, letal. Desde cedo, elas aprendem a estar atentas ao negativo. Por outro lado, não prestar atenção ou não aproveitar algo positivo pode no máximo gerar arrependimento. Na maioria das vezes, nada grave nem vital ocorre por ignorarmos um evento positivo. Consequentemente, as pessoas – sobretudo os líderes – que nas organizações são constantemente confrontadas por problemas, ameaças e obstáculos mostram propensão de concentrar o foco e dar mais atenção aos aspectos negativos.

Críticas e controles fazem parte do processo de gestão e da busca de soluções nas épocas mais difíceis. Líderes positivos são diferentes, porque têm a tendência de valorizar e enfatizar o lado positivo e florescente do processo organizacional, mesmo diante das dificuldades. Não se trata de manter um comportamento de *Poliana*, mas de colocar ênfase em uma comunicação positiva, no otimismo, nas forças e nas possibilidades de soluções. Não é ignorar os erros nem os eventos negativos, mas, a partir deles, construir soluções positivas. É muito mais do que ser "legal", amigo, digno de confiança ou líder servidor. É conhecer e saber usar as forças e os aspectos positivos das pessoas e da empresa.

Para cultivar um clima positivo, líderes positivos desenvolvem atividades para expandir a compaixão, o perdão e a gratidão.

Para desenvolver a compaixão, a empatia e a compreensão das necessidades dos outros, as prioridades são criar e desenvolver o conceito de comunidade, de coletivo das informações, emoções e respostas, em um processo de entendimento e apreensão dos problemas pessoais e profissionais de cada indivíduo do grupo.

Para desenvolver a capacidade do perdão de cada um e de todos no grupo (não da tolerância), é preciso desenvolver a compreensão, a aceitação, os cuidados com a linguagem, com a comunicação, e evitar retaliação ou vingança. Como disse Desmond Tutu, que recebeu o Nobel da Paz em 1984: "No perdão o povo não é solicitado a esquecer. Ao contrário, é importante lembrar, para não permitir que as atrocidades aconteçam novamente. Perdão não significa desculpar o que foi feito. Significa tentar entender quem fez o que fez e ter a empatia para tentar se colocar na posição do outro e avaliar que tipo de pressões e influências ele deve ter sofrido. Perdão significa abandonar o direito de pagar com a mesma moeda, e é isso que liberta".

Criar um sentido de gratidão tem efeito profundo no desempenho das pessoas e do grupo. Procurar pessoalmente os colaboradores para agradecer-lhes, expressar isso por escrito, fazer listas diárias ou semanais das coisas boas ou de eventos positivos que aconteceram e induzir as pessoas a fazerem o mesmo estabelece um extraordinário efeito positivo nos aspectos fisiológico, psicológico e cognitivo, no desempenho organizacional e pessoal do grupo.

Expandir relacionamentos positivos

Desenvolver relacionamentos positivos promove resultados significativos do ponto de vista fisiológico, psicológico, emocional e organizacional, segundo Dutton e Ragins (2007).

O relacionamento social positivo – com as conexões positivas e as interações interpessoais – tem um efeito altamente benéfico nos vários aspectos do comportamento humano e na saúde. No campo psicológico, favorece a resiliência e a capacidade de adaptação às situações e experiências difíceis, ajudando a criar uma forte capacidade de autoconhecimento e autoconfiança. A presença de uma relação positiva e de apoio tem efeitos positivos no funcionamento do grupo e, consequentemente, na performance e no desempenho.

Pessoas em grupo, quando dão e recebem amor, suporte e encorajamento, e têm suas necessidades psicológicas e emocionais atendidas reciprocamente, sentem-se mais seguras, aumentando sua performance e produtividade.

Duas atividades são fundamentais para desenvolver relacionamentos positivos: construir redes de energia positiva e reforçar pontos fortes.

Construir redes de energia positiva

Para criar redes de energia positiva, os líderes têm de ser não só energizadores positivos, ou seja, otimistas, confiáveis, desprendidos, atuando como centros de influência e fonte de informação, mas também devem saber identificar e construir redes com outros energizadores positivos. Estes trazem benefícios para a organização porque incentivam desempenhos superiores, ajudando os outros a se tornarem também energizadores positivos.

Os líderes positivos precisam saber identificar e evitar energizadores negativos – indivíduos críticos, pessimistas, egoístas, inflexíveis –, que esgotam a energia, os bons sentimentos e o entusiasmo dos outros. Energizadores negativos deixam os parceiros exaustos e se sentindo diminuídos. É importante ressaltar, segundo Cameron (2008), que não existe correlação entre energizadores positivos ou negativos e os fatores de personalidade e estilos de comportamento.

As pessoas, segundo Martin Seligman, aprendem a ser otimistas e energizadores positivos, um atributo que não é inerente delas.

É função do líder moderno desenvolver o relacionamento positivo por meio do seu comportamento pessoal revitalizador e também pela montagem da rede de energizadores positivos. Por fim, o líder positivo tem de evitar a existência de energizadores negativos. Para isso, deve efetuar quatro passos sequenciais.

O primeiro passo é dar um *feedback* direto e honesto para o indivíduo, mostrando os efeitos negativos de seu comportamento para o grupo e a organização, o que normalmente traz uma reação positiva (Cameron, 2007). Caso seja ineficaz, o segundo passo consiste em oferecer um programa de *coaching* e desenvolvimento pessoal. Se isso também não resolver, a terceira alternativa é transferir o colaborador para uma posição não central (difusora de informações), colocando-o, por exemplo, em cargos técnicos, em que a oportunidade de contaminar o grupo seja menor. Se mesmo assim ele continuar sendo um energizador negativo, o quarto passo é dar-lhe a chance de "fazer carreira em outra empresa".

Reforçar pontos fortes

A segunda oportunidade para promover relacionamentos positivos reside no reforço de pontos fortes individuais e organizacionais.

De acordo com Seligman, identificar e construir redes sobre os pontos fortes trazem muito mais benefícios do que descobrir e corrigir fraquezas e fragilidades. Em uma organização em que os empregados têm a chance de fazer o seu melhor e de demonstrar suas forças, a produtividade, segundo Clifton e Harter, é uma vez e meia maior do que nas empresas tradicionais.

Uma das razões que explicam esse efeito é que as pessoas aprendem melhor e mais profundamente por meio de demonstrações positivas do que com críticas apontando erros, riscos e o que não deve ser feito, pois isso só reforça o temor do insucesso. O velho teste do "não pense no urso", traz imediatamente à memória a imagem do urso.

A atuação dos líderes na valorização das forças e na celebração dos acertos resulta um aumento muito grande na produtividade e no desempenho dos indivíduos e do grupo.

Ter uma comunicação positiva

Padrões de comunicação

Uma comunicação positiva ocorre quando uma base afirmativa e apoiadora substitui uma linguagem crítica e negativa. O poder dela foi bem demonstrado em 2004, no estudo feito por Marcial Losada e Emily Heaphy, que analisaram 60 equipes de *top management* durante suas atividades de planejamento estratégico, resolução de problemas e montagem de orçamento.

A pesquisa investigou por que algumas equipes tinham desempenho muito superior ao de outras. As equipes foram divididas em três categorias com base na performance: 15 de alta, 26 de média e 19 de baixa. Os padrões de comunicação das equipes – monitorados durante vários dias por avaliadores que não sabiam qual era a produtividade de cada uma – foram separados em quatro grupos: relação positiva/negativa, relação inquisitiva/informativa, relação foco nos outros/si próprio, medida de conectividade/interação.

O fator mais importante no prognóstico da performance organizacional, que contava com mais que o dobro do poder que os outros fatores, era a relação entre comunicação positiva e negativa. Comunicação positiva é definida como aquela que manifesta apreciação, suporte, ajuda e elogios, enquanto a negativa expressa crítica, desaprovação, insatisfação, cinismo ou descrédito. Os resultados aparecerem na Tabela 2.

Como mostra a Tabela 2, os resultados da pesquisa revelam que as equipes de alta performance apresentavam uma relação positiva/negativa de 5,6 para 1, ou seja, acima de cinco vezes mais positivas do que negativas. As de baixa performance, com uma relação de 0,36 para 1, tinham desempenho inferior, comunicando-se três vezes mais negativamente do que positivamente.

Os membros das equipes de alta performance mostravam um equilíbrio da relação comunicação inquisitiva (colocando perguntas e/ou buscando os pontos de vista dos outros, *"como você faria?"*) e comunicação informativa (explicando ou sugerindo um posicionamento, *"você deve fazer assim"*). Os membros das equipes de baixa performance apresentavam uma relação de 0,05 para 1, fortemente informativa.

Para as equipes de alta performance, a relação do balanço existente tanto no foco em si próprio como em foco nos outros foi absolutamente equilibrada

(0,94 para 1), enquanto nas de baixa performance a relação era pesadamente focada na comunicação de si próprio – 0,03 para 1.

Finalmente, a medida da conectividade (conversação mútua, fluidez de informação, participação) apresentou uma relação que era quase duas vezes mais elevada para as equipes de alta performance em comparação com as de baixa performance – 32 para 18.

Esses resultados demonstram que equipes de alta performance têm padrões de comunicação fortemente positivos quando comparadas com as de baixa performance. Isso não quer dizer que não haja correções e críticas na comunicação positiva, mas apenas que elas aparecem quando estritamente necessárias, diferentemente do que ocorre nas equipes de baixa performance.

Tabela 2. Comunicação nas equipes de *top management* (Losada e Heaphy)

	PERFORMANCE DA EQUIPE		
	Alta	Média	Baixa
Positiva/Negativa	5,6 — 1	1,8 — 1	0,36 — 1
Apoiadora/encorajadora *versus* Crítica/desaprovadora			
Inquisitiva/Informativa	1,1 — 1	0,67 — 1	0,05 — 1
Perguntando *versus* informando			
Outros/Si próprio	0,94 — 1	0,62 — 1	0,03 — 1
Focado nos outros/externo *versus* Focado em si próprio/interno			
Conectividade	32	22	18
Influência mútua, interação, assistência			

Desenvolvendo uma comunicação positiva

Como a maioria das pessoas reage fortemente a eventos negativos e como as organizações estão cheias de problemas e desafios, prescrever uma comunicação positiva é mais fácil do que conseguir implantá-la. Para um líder fazer isso, a maneira mais objetiva é adotar uma forma positiva de comunicação, minimizando críticas e expressões negativas, substituindo-as por uma abundância de *feedback* positivo e expressões de suporte e apoio, de maneira autêntica e sincera. O comportamento do líder é contagioso e tem um efeito exponencialmente multiplicador no grupo e na organização (Cameron, 2008).

Adicionalmente, o líder pode aplicar duas outras estratégias que facilitam a comunicação positiva na organização: *the best-self feedback* (Roberts, Dutton, Spreitzer, Heaphy & Quinn, 2004 *apud* Cameron, 2008) e a "comunicação apoiadora" (Cameron, 2008).

The best-self feedback – feedback positivo sobre o melhor de cada um

O processo *the best-self feedback*, que ressalta os pontos fortes e acertos de cada indivíduo, é obtido por informações colhidas de 20 pessoas que o conhecem bem (colegas, amigos, familiares, etc.). Eles respondem à pergunta: "Quando vocês me viram fazendo algo especial ou importante, que características positivas eu mostrei?". Cada um deve escrever três *cases*, o que pode levar até a 60 histórias (na verdade, pessoas diferentes podem relatar o mesmo *case*). O analisado, então, resume as histórias e identifica suas forças, seus talentos e estratégias, criando o seu *best-self portrait* (Roberts, Dutton, Spreitzer, Heaphy & Quinn, 2004 *apud* Cameron, 2008). Com isso, esse indivíduo sabe quando é percebido de forma positiva pelas pessoas e pode repetir o modelo de sucesso.

Um benefício adicional do *best-self feedback*, quando feito em uma organização, é criar um clima de reciprocidade entre as pessoas que participaram do levantamento, levando-as a uma maior facilidade de comunicação e a uma reinterpretação das histórias do passado.

A "comunicação apoiadora"

A comunicação apoiadora é outro meio de que os líderes dispõem para criar um desempenho positivo por meio de suas reuniões de *feedback*, sobretudo quando precisam tomar ações corretivas, fazer críticas ou passar mensagens negativas. Esse tipo de comunicaçãotem o nome de "apoiadora" porque procura preservar ou desenvolver um relacionamento positivo, mesmo quando há *feedback* negativo. A comunicação apoiadora consiste em pelo menos oito técnicas: congruente, descritiva, centrada no problema, validada, conjuntiva, específica, personalizada e escuta reflexiva (Cameron, 2008). A mais importante e poderosa prevê o uso da comunicação descritiva em vez da avaliativa na identificação e solução de problemas.

A comunicação avaliativa faz um julgamento ou rotula o indivíduo ou seu comportamento. Por exemplo, "você está errado" ou "você é incompetente". Em geral, esse tipo de comunicação provoca comportamentos defensivos, sentimentos de desvalorização e desistência. Também é utilizada por pessoas que não sabem como ser honestas e francas sem emitir um julgamento quando as coisas vão mal. A forma alternativa à avaliativa é a comunicação descritiva, que permite à pessoa ser coerente e autêntica, dando uma informação negativa, mas, ao mesmo tempo, mantendo-se apoiadora. A comunicação descritiva (que descreve o fato), em vez da avaliativa (que avalia o indivíduo: "você é/ou fez..."), é feita em três passos.

Primeiro, faça uma descrição objetiva do evento no qual ocorreu o erro ou o comportamento a ser corrigido. Essa descrição deve ser objetiva e o menos passional possível, focada na ação ou no evento, mas nunca nas pessoas. Pode identificar o comportamento que precisa ser confirmado e validado, deve ser passível de ser modificada e comparada com padrões aceitáveis, e nunca com opiniões. Não são permitidas impressões subjetivas ou atribuições de motivações e culpas para a outra pessoa.

O segundo passo descreve de forma objetiva as reações ou as consequências do comportamento. O comunicador tem de estar atento a seus próprios sentimentos e reações. A melhor forma é usar uma expressão como "estou preocupado com a produtividade". As consequências também devem ser comunicadas objetivamente, do tipo "os lucros estão baixos este mês". O mais importante é que comportamentos e consequências sejam descritos sem acusações.

Em terceiro lugar, vem uma discussão/diálogo sobre sugestões de possíveis melhores alternativas para resolver o problema e não a pessoa. Isso ajuda o outro a participar da solução sem se sentir pessoalmente criticado. Implementar esses três passos conduz o *feedback* para uma conversa construtiva.

Outras estratégias para a comunicação apoiadora são: manter a coerência entre palavras, sentimentos e pensamentos, ou seja, ser autêntico e sincero; ficar atento ao problema em vez de focar nas pessoas, isto é, concentrar-se nas ações e não nas atitudes; usar comunicação validada, buscando a confirmação do outro; ser específico, fazendo referências a exemplos ou comportamentos atuais; ser conjuntivo, referindo-se a mensagens anteriores, e concreto, indo direto ao assunto; assumir a responsabilidade pela mensagem, de maneira personalizada; e, finalmente, manter uma escuta ativa e reflexiva, sondando as respostas para comprovar o posicionamento do outro.

Criar significados positivos

A busca de um sentido na vida é uma necessidade humana universal, e a relação entre esse sentido e o significado do trabalho é fator fundamental.

Segundo Dominique Clavier, o trabalho fornece a possibilidade de construirmos uma ideia inteligível e aceitável sobre o sentido de nossa existência: é uma razão para *ser*. Indagar o que representa o trabalho para o homem é questionar o sentido de nossa vida.

Uma das primeiras obras que tratam da contribuição do "trabalho" é de Marie Jahoda, que realizou dois estudos, com um intervalo de quase 50 anos. O primeiro foi feito em Marienthal, na Áustria, nos anos 1930, enquanto o segundo, desenvolvido nas mesmas condições, ocorreu nos anos 1980. Dessa confrontação, Marie Jahoda revela sete funções notáveis que sublinham o *sentido do trabalho* em resposta às necessidades psicológicas.

- As pessoas declaram trabalhar para ganhar a vida, ganhar dinheiro. O trabalho traz renda e meios de consumação, inscrevendo-se numa troca econômica ligada à contribuição dada. Mesmo quando existe a indenização, a situação de desemprego é sempre vivida como frustrante.
- O trabalho busca uma estruturação do tempo, e também dos tempos de vida cotidiana, fornecendo especialmente pontos de referência e uma organização do pensamento.
- Ele permite atividades regulares, ou seja, habituais e repetitivas.

- Desenvolve as oportunidades de interações sociais, oferecendo possibilidades de ampliação do campo de experiências relacionais.
- Implica ações coletivas e permite uma contribuição individual com o sentimento de ser útil à sociedade, transcendendo as preocupações pessoais.
- É a oportunidade de manifestar e desenvolver capacidades, habilidades, competências, criatividade e qualificações. Também oferece a possibilidade de atualização do conhecimento.
- Alimenta o sentido de identidade, de imagem e de autoestima, sendo, portanto, fonte de identidade pessoal.

Quando as pessoas acreditam ter um propósito profundo ou se engajam em seu trabalho, há efeitos positivos nos seus resultados e na sua produtividade, incluindo redução do estresse, da depressão, do *turnover*, do absenteísmo, da insatisfação, além de apresentar um acréscimo de comprometimento, esforço, engajamento, satisfação e de um sentido de realização (Cameron, 2008).

Do ponto de vista sociológico e psicológico, existem três tipos de representação e significados individuais para o trabalho, definido pelas pessoas como "emprego" (*job*), "carreira" (*career*) ou "vocação" (*calling*).

Quem considera seu trabalho como um emprego busca apenas os ganhos financeiros e materiais. Não consegue um nível de satisfação pessoal e, por isso, tentará buscar realização em atividades extraprofissionais.

Por outro lado, os indivíduos orientados pela carreira são motivados para o sucesso. Eles trabalham para conquistar prestígio, poder e reconhecimento, buscando progresso e promoção por uma atuação cada vez melhor.

Finalmente, a terceira representação, definida como vocação, caracteriza pessoas que trabalham por um benefício intrínseco e propósitos profundos. Consideram o trabalho realizador e buscam recompensas muito além dos proveitos pessoais ou financeiros.

Em paralelo a essas orientações para o trabalho, Herbert Kelman, da Universidade Harvard, identificou em 1958 três tipos de relacionamento entre pessoas e organizações: obediência, identificação e internalização.

A relação de obediência é produzida mediante punições e recompensas; os indivíduos se conformam com as regras e procedimentos organizacionais não porque concordam com elas, mas por temerem punições ou buscarem recompensas.

Indivíduos que têm uma relação de identificação com as organizações estão mais comprometidos com o que fazem e, assim, buscam envolvimento e contribuição. Eles procuram a satisfação por pertencer ao grupo e possuem um profundo senso de comunidade.

Internalização é a relação definida pela completa e absoluta adoção dos sentidos organizacionais. Pessoas que internalizaram a cultura e a missão da organização têm a convicção de que estão fazendo o certo e o bom. Normalmente, adotam as regras e prioridades da empresa como suas, sendo inequívoca sua lealdade a ela.

A orientação de vocação e internalização no trabalho está associada a um conceito de significância elevada e, de forma simplificada, pode ser considerada como o nível 3: moralidade pós-convencional da teoria do desenvolvimento ético e moral, de acordo com a perspectiva de Lawrence Kohlberg.

Altos níveis de significância no trabalho associam-se a resultados positivos, com desempenhos individuais e organizacionais extraordinários. Uma forte identificação e um sentido de vocação conduzem a confiança e o respeito pelas lideranças a elevados graus de comprometimento com a organização, resultando menos conflitos, melhores relacionamento interpessoais e amplo nível de satisfação com as tarefas e funções.

É importante ressaltar que o sentido de vocação não está relacionando com um determinado tipo de trabalho, mas com a interpretação e a percepção do significado e da importância do trabalho.

A função mais nobre da liderança positiva – e sua responsabilidade primária – é infundir o propósito e significado do trabalho a cada um dos colaboradores. Em vez de focar em performance econômica, gestão da produção ou vantagens competitivas, a identificação e a comunicação do sentido do trabalho são a função mais importante da liderança. O trabalho está associado com a alta significância quando possui um ou mais dos quatro atributos descritos a seguir (Cameron, 2008).

- O trabalho tem impacto importante e positivo no bem-estar das pessoas.
- Está associado a importantes virtudes e valores pessoais.

- Tem efeito positivo de longo prazo e cria ondas de impacto.
- Constrói uma relação e um senso de comunidade entre as pessoas.

Indivíduos que têm a percepção de que seu trabalho tem um impacto importante e positivo no bem estar das pessoas e da sociedade têm um profundo sentido de importância e significado e apresentam elevados níveis de performance e comprometimento com a organização.

O segundo atributo – a percepção de que o trabalho está associado a importantes virtudes e valores pessoais – depende da relação entre crenças e valores do indivíduo com os resultados produzidos pela organização. Como alguns valores são universais – por exemplo, cuidado com os outros, bem-estar social, apoio a deficientes, responsabilidade social –, a empresa que dá atenção a esses pontos cria uma relação forte com seus empregados.

O terceiro atributo, no qual o trabalho tem impacto profundo e cria efeito positivo de longo prazo, também promove um sentido de importância elevado porque permite aos indivíduos sentirem que deixarão um legado às próximas gerações.

Finalmente, o trabalho que cria uma relação e um sentido de comunidade nas pessoas traz um conceito mais fundamental. O indivíduo se sente importante e responsável por sua comunidade e seu país.

É tarefa da liderança desenvolver em cada colaborador esse tipo de percepção e sentido com o trabalho. A partir daí, os desempenhos individuais serão extraordinários, com resultados muito além do esperado.

Desenvolvendo e implantando a liderança positiva

PMI – *Personal Management Interview*

Uma das técnicas mais importantes para ajudar os líderes a implantarem as quatro estratégias da liderança positiva é a chamada PMI (*personal management interview*).

Líderes positivos devem manter entrevistas mensais, individuais, de caráter pessoal, com os profissionais sob seu comando para que eles recebam *feedback* e sejam apoiados, aconselhados, ouvidos, etc. As quatro estratégias são mais eficazes quando as reuniões entre gestores e seus liderados são planejadas e realizadas com frequência. Mesmo quando os líderes têm boas intenções para implantar um clima positivo, com relacionamento positivos, comunicação positiva e significados, a pressão do dia a dia, os problemas e os desafios podem pôr tudo a perder. Para evitar falhas de comunicação, é importante um programa de PMI que inclua cada um dos liderados.

Um dos atributos mais importantes da liderança é a capacidade que os líderes positivos têm de criar e oferecer aos outros a oportunidade de receber *feedback* para eles se sentirem suportados, aconselhados e em desenvolvimento. PMI é o mecanismo mais adequado para isso. A implantação de um programa desse tipo aumenta significativamente o desempenho das equipes, tanto nos aspectos subjetivos, tais como moral, confiança e comprometimento, quanto nas questões objetivas, como produtividade e atingimento de metas, de acordo com estudo de Wayne Boss publicado em 1983.

Um programa de PMI é muito simples no conceito, mas não tão fácil na aplicação. Consiste em dois passos. O primeiro é uma reunião de negociação, de estabelecimento de um acordo/contrato de trabalho que formaliza as expectativas, as responsabilidades, a cultura, os valores individuais, os objetivos e as metas. Essa primeira reunião é fundamental, porque cria uma confiança mútua e define os critérios de avaliação que serão aplicados.

O líder e o subordinado negociam diretamente, estabelecendo uma relação de compreensão e comprometimento recíprocos, independentemente das regras e prescrições da organização. É muito importante fazer um registro escrito do acordo, como se fosse um contrato resultante da reunião, cujo objetivo é exatamente deixar claro as expectativas de cada um em relação ao outro. Um clima positivo reforça o relacionamento, criando uma comunicação positiva e um significado comum.

E o segundo e mais importante passo em um programa de PMI ocorre com as reuniões *on going*, de acompanhamento e troca de informações entre o líder e um liderado, realizadas sistemática e regularmente, e não apenas quando surgem erros ou crises. São reuniões particulares, individuais, *face to face*, e não podem ser confundidas com reuniões de grupo, almoços de trabalho ou troca eletrônica de mensagens. Devem ser pelo menos mensais e levar tempo suficiente (mínimo de 45 minutos) para que todos os assuntos possam ser tratados de maneira objetiva.

A comunicação precisa ser franca e aberta, de ambas partes, com o intuito de melhorar a atuação e o ambiente de trabalho. O líder pode aproveitar para demonstrar e reforçar comportamentos positivos. É uma reunião colaborativa, sem cobrança de resultados. Os dois, líder e liderado, devem preparar uma agenda dos assuntos que gostariam de tratar juntos e comunicá-la antecipadamente um ao outro, para evitar surpresas.

A seguir, diversos itens que costumam constar dessas agendas.

- Temas e desafios pessoais e organizacionais.
- Troca de informações relevantes.
- Desafios interpessoais.
- Obstáculos a serem superados.
- Necessidades de desenvolvimento e treinamento.
- Necessidades pessoais.
- *Feedback* positivo da performance e da capacidade.
- Necessidades de recursos.
- Objetivos a serem cumpridos e metas pessoais.
- Estabelecimento de ações de apoio e desenvolvimento.

A reunião sempre termina com a elaboração de uma lista de ações e de necessidades que devem ser realizadas ou atendidas antes da próxima. PMI não é apenas um programa para ser cumprido porque consta na agenda, mas de uma peça importante no processo da liderança positiva.

Algumas objeções podem ser levantadas, tais como falta de tempo, excesso de subordinados, repetição de assuntos, mas nada justifica a não implementação desse programa ou o desrespeito à sequência preestabelecida. Se o tempo for curto, reduza o tempo de cada reunião; e se existirem muitos subordinados, estabeleça um cronograma de reuniões de 45 em 45 dias para cada um, de forma que todos possam ter a reunião. Mas se houver falta de assunto é porque a agenda não foi convenientemente planejada nem preparada.

Implantando as estratégias para a liderança positiva

Os processos e as rotinas organizacionais são desenvolvidos para prevenir e evitar erros, para reduzir ou eliminar desvios e incertezas. É normal que empresas e indivíduos resistam a mudanças, sejam positivas ou negativas. A atividade de gestão é quase sempre o exercício de redução de variância, mas exige criação, com previsibilidade e controle.

Para implantar a liderança positiva, um gestor deve se sobrepor às tendências naturais e à inércia. O desafio do líder é ajudar a criar o novo e mobilizar as pessoas para realizar as mudanças. Para criar o novo é preciso encerrar o velho, desestabilizar, perturbar, desorganizar e fazer a "destruição criativa". Para implantar o novo é necessário mobilizar as pessoas, conseguir adesões, buscar sinergia e evitar antagonismos. É fundamental estar atento e vigilante, gerenciando o que ocorre ou já aconteceu e o que virá do futuro, incluindo as necessidades e o conhecimento do amanhã.

A seguir, são descritas as principais funções dos gestores interessados em adotar a liderança positiva.

- Criar e desenvolver um clima positivo no trabalho, valorizando a compaixão, o perdão e a expressão da gratidão no trabalho.
- Reforçar o relacionamento positivo entre os membros do grupo, desenvolvendo a rede de relacionamentos energizadores para capitalizar as forças e os melhores atributos de cada indivíduo;
- Estabelecer e expandir o uso de uma comunicação positiva por meio da implantação de um programa *best-self feedback* para todos os membros da equipe e do desenvolvimento de uma forma de comunicação apoiadora.
- Facilitar a associação do trabalho com significados positivos, reforçando a vocação pessoal e a identificação com a empresa, além de perceber um impacto de longo prazo ao associar trabalho com crenças e virtudes universais, criando um benefício para a comunidade.

- Implementar as reuniões de PMI, que permitem estabelecer um contrato pessoal e transparente das expectativas, das necessidades e dos objetivos mútuos entre líder e liderados.

A implantação das estratégias da liderança positiva deve ser planejada para cada caso – há líderes que já institucionalizaram alguns comportamentos, que são completamente negligenciados por outros gestores. Como forma prática de apoio, uma sequência de dois passos pode ser utilizada.

O primeiro passo é o diagnóstico sobre comportamentos e atitudes característicos da liderança positiva. Cada pessoa pode fazer a sua lista, identificando quais desses procedimentos já são adotados no seu dia a-dia e em que profundidade.

O passo seguinte é reavaliar esta lista definindo os dois ou três pontos mais urgentes, que trarão resultados mais rápidos e significativos para melhorar o desempenho da equipe.

Conclusão

Nosso objetivo era apresentar uma nova forma de se pensar sobre liderança. Mostrar que é importante se concentrar nos aspectos externos, indo além dos internos e pessoais. Indicar que a liderança é exercida na busca de resultados e no atendimento das expectativas de clientes, fornecedores, investidores e comunidade, que querem e precisam de resultados imediatos. Para atender às expectativas, é preciso ter coragem de tomar decisões, escolher e descartar opções. Não se pode errar. Para não falhar, é necessário planejar, estar atento, aprender a se antecipar aos acontecimentos, saber ouvir, conviver e influenciar os outros, além de saber executar e implantar projetos. É importante aprender a formar e desenvolver equipes e talentos, permitindo que as pessoas tenham liberdade para atuar e estabelecer seus métodos de trabalho e que sintam que seu trabalho tem um significado e que elas são úteis e importantes. Isso depende sempre do estilo da liderança. Líderes positivos e flexíveis acreditam nas pessoas como chaves do sucesso, aceitam e perdoam erros, pois sabem que o medo atrofia a criatividade e o espírito inovador. Líderes positivos estabelecem padrões e expectativas bem altas, acompanhando de perto seu atingimento, mas reconhecem e agradecem quando sua equipe tem um desempenho excepcional. Eles também sabem que devem se tornar a principal fonte de inspiração e admiração de sua equipe.

CAPÍTULO 6

AVALIAÇÃO E DESENVOLVIMENTO DE LÍDERES

Tudo o que foi dito e demonstrado até agora descreve regras e princípios para que as pessoas se tornemmelhores líderes, estrategistas, executores, gestores e desenvolvedores de talentos – para construir uma melhor liderança. A proposição agora é como avaliar e desenvolver os líderes. O ponto de partida é deixar claro o que se espera deles e o que está definido como a marca da liderança. A isso damos o nome de "construção da declaração da marca da liderança". A declaração capta a essência da liderança da empresa porque define o que empregados, clientes, fornecedores e investidores conseguem ver na forma como os líderes exercem o comando do projeto. A partir desse ponto, podemos definir se cada um dos líderes da empresa cumpre as metas e de que forma podemos apoiá-los na busca de superação e desempenho acima do esperado.

Definindo modelos e objetivos

Avaliações não são novidade para ninguém; fazemos algumas intuitivamente, outras necessitam de mais reflexões ou modelos.

Toda avaliação, porém, requer um padrão para julgar fatos, pessoas ou ações. Nosso objetivo é definir critérios, processos e padrões para realizá-la. Três aspectos da marca da liderança precisam ser avaliados: a qualidade certa, o momento certo e os resultados certos de maneira certa.

1. Qualidade certa

Qualidade certa é a medida de como cada líder internaliza a declaração da marca da liderança. Para medir a qualidade, em primeiro lugar traduza a declaração da marca da liderança em comportamentos e traços de caráter dos líderes, de modo que os pontos a serem avaliados estejam muito claros. Por exemplo, se a declaração inclui a expressão "experiente", decomponha o conceito em termos de comportamentos e atributos tais como: o conhecimento sobre os clientes, a capacidade de aplicá-lo por meio da comunicação e das habilidades interpessoais, a confiança para permanecer calmo e seguro de si em situações difíceis. Com uma extensa lista desses comportamentos e traços de caráter, podem-se utilizar as técnicas de entrevistas comportamentais, como, por exemplo, as entrevistas por competência. Outra abordagem é a utilização de testes psicológicos, o que inclui uma análise dos requisitos necessários para a tarefa de líder e identifica a qualidade do ajuste entre os talentos potenciais e as necessidades atuais. O processo determina os pontos fortes e fracos do candidato em relação às exigências profissionais. O *feedback* deve ser fornecido discretamente, em sessões individuais, orientadas para promover o crescimento e a melhoria nas áreas mais frágeis e reforçar os pontos fortes identificados. As avaliações 360° são outra forma de avaliação que inclui contribuições de cada um dos subordinados diretos, dos pares, dos superiores e, se possível, dos clientes.

2. Momento certo

A maioria das avaliações cria uma ilusão, analisando de maneira estática a existência ou não de determinadas características, mas não consegue explicar se elas estão efetivamente sendo utilizadas. Além disso, um padrão de comportamento de liderança, que pode ser perfeito para uma função e para um projeto, dará errado em outros momentos. Há exemplos de indivíduos que pareciam ter alto potencial e bom desempenho, mas fracassaram após serem promovidos para cargos em que aquelas qualidades, consideradas como vantagens outrora, tornaram-se obstáculos. Para resolver esse problema, Gene Dalton e Paul Thompson criaram na década de 1980 o conceito dos quatro estágios, que é a base para o desenvolvimento da liderança e avalia o desempenho profissional em cada uma dessas fases. Os quatro estágios são: aprendiz, colaborador, líder local e líder global (mais detalhes no item c, pág. 79).

3. Resultados certos de maneira certa

Não basta apenas avaliar se alguém está agindo corretamente, de acordo com os preceitos e paradigmas estabelecidos. Precisamos de um modelo que inclua o exame dos resultados e a maneira como estão sendo atingidos, produzidos e sustentados. Para se certificar de que os líderes apresentam os resultados, as empresas precisam montar um processo sistemático de avaliação de desempenho, mas a maioria delas concentra-se em formulários e procedimentos. Os melhores sistemas de gestão de desempenho, que realmente contribuem para o desenvolvimento da liderança, estão muito mais centrados na existência de um bom diálogo sobre o que tem valor e é prioritário para a empresa. Além de ter uma sólida gestão de desempenho, a empresa precisa criar sistemas de reconhecimento e recompensa dos comportamentos adequados, construir uma cultura de desempenho eficaz e produtiva. Fácil de falar, difícil de fazer.

Pode-se reconhecer o esforço, mas só se deve premiar quando o resultado for alcançado. O reconhecimento tem de ser público, precisa ser mostrado e visto. Deve ser estabelecido um sistema de gestão de momentos e eventos, uma liturgia, para dar ênfase e premiar a contribuição das pessoas, mantendo o clima de desafio e aventura, que vai justificar novos reconhecimentos e recompensas. Mas, cuidado, o reconhecimento deve ser sempre percebido como justo e justificável. As pessoas são muito afetadas por esses eventos e, sobretudo, pela percepção de justiça ou iniquidade. Se a relação retribuição/contribuição dos premiados não é percebida como justa pelos preteridos, ou seja, quando todos acham que contribuíram mais que os premiados, o tiro pode sair pela culatra. No sentido inverso, quando percebem equidade, todos buscarão restabelecer seu equilíbrio nessa relação, aumentando suas contribuições e comprometimento, que, afinal, é o que se busca pelo processo de reconhecimento e recompensa. Para concluir, cabe ressaltar que a recompensa deve fazer sentido para o premiado, isto é, precisa usar a "moeda" que o motiva, seja ela qual for (Guimarães, 2009).

Técnicas, métodos e critérios de avaliação

Um processo de avaliação precisa ser o mais justo, direto e objetivo. Para isso, existem ferramentas e técnicas simples e de alto impacto, comprovadas e disponíveis, que garantem uma avaliação clara e eficaz.

1. Avaliações 360° da liderança

São possíveis sob duas formas, pesquisa e entrevista, e ambas funcionam muito bem, já que o objetivo é permitir que o líder obtenha *feedback* individual de elementos importantes para sua liderança, contemplando a avaliação de seu chefe e a de seus colegas e subordinados. Para uma avaliação 360° da liderança ser mais eficaz, ela precisa levar em conta a opinião dos grupos externos à empresa, como clientes, analistas, fornecedores, consultores, etc. Assim ampliada, pode ser chamada de avaliação 720° e é mais adaptada ao conceito da "marca da liderança", pois envolve a percepção da própria liderança por aqueles que a veem de fora para dentro. Parte significativa do valor das avaliações 360° (ou 720°) está na descoberta da percepção que as pessoas têm das características, competências e comportamentos do líder. Outra parcela muito importante está na identificação do que isso significa e no plano de ação para o desenvolvimento das melhorias, o qual deve estar relacionado à criação de valor para a empresa e os *stakeholders*. Os planos de ação precisam ser definidos e detalhados em declarações que usem as expressões do tipo "para que isso aconteça" ou "a fim de que seja resolvido".

2. Entrevistas comportamentais, entrevistas por competências

Entrevistas detalhadas exploram toda a carreira do avaliado. Elas permitem uma avaliação de cada fase profissional, das características e competências utilizadas, oferecendo aos participantes uma reflexão sobre o que gostam e sabem fazer.

Na entrevista por competências, parte-se do pressuposto de que os comportamentos assumidos no passado, em uma determinada situação, serão os mesmos adotados no futuro em uma situação percebida como similar. A estratégia da entrevista por competência é, portanto, uma pesquisa de comportamentos e resultados anteriores, objetivando a previsão de comportamentos futuros que podem ser adequados ou não para as características definidas para o sucesso do profissional na organização. Como é necessário examinar o comportamento dos indivíduos, e não simplesmente suas capacidades e experiências, a entrevista passou a ter um conteúdo avaliativo com uma conotação maior para a análise dos comportamentos e sentimentos do indivíduo em relação às experiências e realizações já observadas.

As perguntas planejadas devem ser abertas e específicas para obter informações que tenham contexto, ação e resultado. As respostas dadas pelos candidatos que não explicitem esses três requisitos são consideradas vagas e imprecisas, exigindo melhor averiguação. Diante disso, torna-se importante utilizar outras perguntas que direcionem o entrevistado às suas experiências, vivências, emoções e atitudes passadas, tais como: O que ocorreu nessa circunstância? Como você agiu ou reagiu diante de...? Cite um exemplo do que você fez. Qual ação você adotou ao deparar-se com...? Como você resolveu...?. São questões que ajudam a identificar – com contexto, ação e resultado – o comportamento dos candidatos diante das competências que serão consideradas importantes para a organização.

Como as entrevistas têm limitações, principalmente nas pesquisas referentes aos aspectos de personalidade, elas devem ser complementadas com outras técnicas e ferramentas de avaliação.

3. Avaliações psicométricas

O desenvolvimento e a avaliação da liderança envolvem um sistema complexo de análise e uma combinação de testes psicométricos e instrumentos usados há muito tempo com o objetivo de validar o diagnóstico.

a) Testes de inteligência

A primeira medida prática foi a avaliação da quantidade de inteligência, estabelecida pelo francês Alfred Binet, cujos estudos visavam à identificação de crianças "excepcionais" no aprendizado para colocá-las em salas especiais. O termo QI (quociente de inteligência), entretanto, só foi usado em 1916, quando Lewis Terman adaptou para o inglês o teste de Binet. O QI diz respeito à relação existente entre o nível de maturidade mental e a idade cronológica: [QI = 100 * NM / IC]. Esse tipo de medida se popularizou em função dos famosos testes Army Alpha e Army Beta, utilizados na Primeira Guerra Mundial (1914-1918), quando foram empregados pelo Exército norte-americano para a seleção de soldados.

A partir da sua popularização, o teste passou a ser incorporado como critério de avaliação e escolha. Com a evolução das técnicas, dos instrumentos e dos métodos de exame, novas formulações teóricas começaram a ser elaboradas e, de alguma forma, reduziram o peso do teste de QI como critério de capacidade e de possibilidade de sucesso.

As novas teses – mais amplas e abertas – incluem a teoria da inteligência fluida e a teoria cristalizada, ambas de John Horn, a teoria das inteligências múltiplas de Howard Gardner, a teoria triárquica da inteligência de Robert Stemberg, e a polêmica teoria da inteligência emocional, definida por John Mayer e Peter Salovey, além de Daniel Goleman. A partir delas, o conceito de inteligência expandiu-se e ganhou novas formas. Ficou estabelecido que existem vários aspectos de inteligência e que, na maioria das tarefas humanas e profissionais, algumas formas são tão ou mais importantes que o antigo QI.

b) Ferramentas de avaliação psicológica-comportamental

Existem no mercado várias ferramentas e metodologias que facilitam o conhecimento de si mesmo e dos outros. Foram desenvolvidas para permitir que processos de avaliação possam ir além dos aspectos intelectuais, suprindo as necessidades de se estabelecer uma previsão dos aspectos comportamentais.

b.1) MBTI

A classificação tipológica de Myers Briggs (MBTI) é um instrumento utilizado para identificar características e preferências pessoais, desenvolvido durante a Segunda Guerra Mundial (1939-1945), com base na teoria dos tipos psicológicos de Carl Jung, que se apoia na suposição de que os indivíduos adotam preferencialmente certas maneiras de pensar e de agir. O MBTI define quatro pares de maneiras de pensar e agir. As preferências – identificadas por letras maiúsculas – indicam cada um dos seguintes pares preferenciais:

Extroversão	Introversão
Sensorial	iNtuição
Razão (T)	Emoção (F)
Julgamento	Percepção (P)

Os termos usados para cada dicotomia têm significados técnicos específicos relacionados ao MBTI, que diferem do seu significado cotidiano. Por exemplo, pessoas com uma preferência para "julgamento" em relação à "percepção" não são, necessariamente, mais críticas ou menos perceptivas.

O MBTI não mede as atitudes: apenas mostra quais se sobressaem em relação às demais em uma mesma pessoa.

b.2) Mapa Preferências

Com base em pesquisas feitas na General Eletric, por Ned Herrmann, e nos modelos mentais, essa ferramenta faz uma "fotografia" de preferências predominantes, estratégias de comportamento, maneiras e formas de atuação. O mapa explica por que uma pessoa encara com facilidade certas situações e com dificuldade outras, ou por que se relaciona muito bem com algumas pessoas e mal com outras. Cada indivíduo é único, cada mapa também. Essa ferramenta mostra as preferências, as formas e as tarefas que se gosta de fazer. Preferência não significa competência; pode-se preferir um domínio sem ser competente para tal. Por outro lado, pode-se conhecer assuntos que nem sempre se tem prazer em fazer. Para cada estilo e perfil há uma forma preferencial de liderança e uma estratégia específica de fixar objetivos, motivar pessoas e enfrentar conflitos. Mas todos os diferentes estilos têm sempre de conseguir convencer as pessoas.

O papel dessa ferramenta é avaliar o potencial dos indivíduos, sem julgá-los. Os princípios estão ligados à neurobiologia e aos estudos de

Ned Hermann. O método adota uma tabela simples para indicar as realidades cotidianas de gestão, comunicação, negociação, liderança e vendas, sem procurar uma explicação psicológica da personalidade. Também não determina um bom ou mau perfil. O uso de uma terminologia neutra permite evitar julgamentos e análises psicológicas que, muitas vezes, são mal interpretadas pelos profissionais.

O mapa Preferências serve para distinguir os quatro estilos de percepção, usados por todo ser humano, que constroem o comportamento. Os conceitos córtex esquerdo (técnico), córtex direito (criativo), límbico esquerdo (organizado) e límbico direito (relacional), inspirados nas origens neurobiológicas do modelo, têm a vantagem de ser neutros e não induzir qualquer julgamento negativo. O método funciona seguindo o princípio da complementaridade dos quadrantes, dos octantes e das 48 expressões. Seu uso destaca a eficácia das oito estratégias básicas na empresa, tanto individual como coletivamente. O mapa mostra como o indivíduo se situa entre os quadrantes, os octantes e as 48 expressões; como se vê nas situações pessoais e profissionais; quais são suas motivações, seus critérios de escolha, suas percepções dos problemas no dia a dia. Isso permite explicar por que uma pessoa se sente à vontade em determinada situação e desconfortável em outras, e eventualmente remediar.

Existem milhões de perfis possíveis, conforme a pessoa se coloque mais entre o hemisfério direito (pensamentos divergentes e criativos) e o esquerdo (pensamentos convergentes e lógicos), use mais o córtex (racional e técnico) ou o límbico (emocional e estruturado), estabelecem-se as quatro estratégias básicas de comportamento, que podem ser aprofundadas com os octantes e as 48 expressões.

Quadrantes

- *Córtex Esquerdo (CE):* o eu racional e técnico
- *Córtex Direito (CD):* o eu especulativo e desbravador
- *Límbico Esquerdo (LE):* o eu concreto e organizado
- *Límbico Direito (LD):* o eu sensível (percepção/intuição) e relacional

Octantes

Cada quadrante tem dois lados – dois octantes –, que são:

* *Córtex Esquerdo:* Racionalizar e Avaliar
* *Córtex Direito:* Conceber e Desbravar
* *Límbico Esquerdo:* Administrar e Realizar
* *Límbico Direito:* Intercambiar e Sentir

Então, tem-se um lado mais abstrato (mais *Córtex),* mais de visão global – *Racionalizar (CE), Administrar (LE), Intercambiar (LD), Conceber (CD)* –, e outro mais concreto (mais *Límbico),* mais comprometido com a ação, mais à escuta do campo de ação – *Avaliar (CE), Realizar (LE), Sentir (LD), Desbravar (CD).*

Expressões

No questionário, cada expressão é proposta duas vezes, de modo que cada uma pode conter "++", e revelar assim uma grande prioridade; pode conter "– –", revelando uma ausência de prioridade; ou pode estar acompanhada de "+ –", mostrando uma preferência existente, mas vivida com nuances.

As expressões são:

* *Abertura aos outros.* Abrir-se para os outros. Ter curiosidade em encontrar pessoas novas.
* *Análise.* Determinar e decompor os diferentes elementos de uma estrutura, de um evento, de um estado.
* *Antecipação.* Antecipar os acontecimentos, as evoluções de uma situação. Adivinhar as novas tendências.
* *Associação de ideias.* Gostar de ligar duas ideias diferentes. Pular de uma ideia à outra.
* *Coerência.* Buscar a homogeneidade das ideias. Evitar as contradições.
* *Conceitual.* Conceber ideias gerais, abordagens diferentes. Teorizar.

- *Concreto.* Privilegiar a dimensão prática. Materializar.
- *Confiabilidade.* Apegar-se ao que se tem certeza. Preocupar-se com o bom andamento das questões.
- *Contato.* Ter prazer na relação humana, gostar de trocar ideias.
- *Continuidade.* Fazer de maneira com que as coisas sejam duradouras e contínuas.
- *Convivência.* Gostar de criar um bom ambiente, ter uma atitude calorosa. Privilegiar as soluções experimentadas.
- *Criatividade.* Achar soluções originais. Ter espírito inventivo.
- *Crítico.* Estar pronto para criticar, inclinado à desconfiança e à dúvida, questionando fatos e pessoas. Não concordar facilmente.
- *Descobridor.* Procurar novas pistas. Estar adiante de seu tempo e seu meio. Situar-se na vanguarda.
- *Discernimento.* Cultivar a lucidez, estabelecer prioridades na solução de problemas.
- *Empatia.* Esforçar-se para perceber interiormente o que uma pessoa sente em vez de julgar à primeira vista. Compreender suas preocupações.
- *Equipe.* Gostar de trabalhar em grupo. Ter espírito de equipe.
- *Factual.* Focar em fatos estabelecidos. Considerar as questões sem tomar partido.
- *Fator humano.* Privilegiar a dimensão humana no trabalho e no tratamento de um problema.
- *Finalização.* Ir até o fim de seus processos. Levar as ações com cuidado até a conclusão.
- *Financeiro.* Ressaltar os dados financeiros, interessar-se por tais aspectos.
- *Global.* Considerar as questões em grandes linhas, sem se ater a detalhes. Ter uma visão panorâmica, enxergar o conjunto.
- *Harmonia.* Criar harmonia dentro do grupo. Desenvolver relações de confiança.
- *Imaginação.* Criar uma combinação de ideias. Gerir facilmente novas ideias.

- *Impulsão.* Sair na frente, dar o impulso.
- *Inovação.* Gerar novas ideias, soluções inéditas.
- *Intuição.* Sentir o outro de maneira intuitiva, ter uma avaliação intuitiva.
- *Lógica.* Ligar os elementos de maneira dedutiva.
- *Metódica.* Executar as tarefas de acordo com uma ordem e/ou método preestabelecido e sistemático.
- *Minúcia.* Ser meticuloso. Analisar os detalhes.
- *Mudança.* Estar aberto à mudança, precedê-la.
- *Ordem.* Gostar que os dados sejam classificados. Agir de maneira ordenada.
- *Organização.* Organizar-se antes de agir. Ordenar as tarefas.
- *Participativo.* Envolver as pessoas, consultá-las.
- *Performance.* Ressaltar os resultados e a eficácia antes de mais nada.
- *Perseverança.* Ser constante e tenaz em seus esforços.
- *Planificação.* Colocar em prática planos de trabalho ou programas de ação precisos para atingir objetivos fixados.
- *Prestativo.* Gostar de pôr-se a serviço, estar disponível para os outros.
- *Quantitativo.* Dar prioridade aos dados quantificados, apoiar-se em números e valores.
- *Racional.* Confiar mais na razão do que na intuição, avaliar e agir de acordo com um procedimento racional.
- *Receptividade.* Estar à escuta dos outros, procurar perceber suas aspirações.
- *Rigor.* Ser adepto do pensamento rigoroso, buscar a precisão.
- *Risco.* Expor-se ao risco, gostar de arriscar.
- *Sensibilidade.* Ser sensível. Se envolver nas situações.
- *Sequencial.* Proceder passo a passo, realizar as tarefas uma após a outra.
- *Síntese.* Ter o espírito de síntese, distinguir a ideia essencial num dossiê.

- *Técnico*. Privilegiar os aspectos técnicos num dossiê e na resolução de um problema.
- *Verificação*. Cuidar para que as tarefas sejam bem executadas, controlar a qualidade do trabalho.

Cada perfil apresenta uma forma específica de atuação nas tarefas e atividades profissionais.

b.3) DISC

O DISC (*Dominance Influence Steadiness Compliance*) é uma das ferramentas de diagnóstico mais utilizadas para a avaliação do perfil de uma pessoa. Esta metodologia cruza a análise dos quatros fatores-chave – dominância, influência, estabilidade, conformidade – com dois eixos comportamentais fundamentais: assertividade/passividade e fraqueza/controle

A dominância é o fator do controle e da assertividade, indicando como o indivíduo age mediante desafios. Pessoas com um alto grau de dominância são competitivas e decisivas, voltadas para resultados. A influência, que é o fator dos relacionamentos pessoais e da comunicação, revela como a pessoa influencia e é influenciada. A estabilidade diz respeito a paciência e lealdade; indica a reação diante de mudanças. A conformidade, como fator do detalhe e dos fatos, mostra o modo de lidar com regras e procedimentos.

c) Teoria dos estágios

Uma das formas de avaliação é a utilização da estrutura dos quatro estágios, conceito definido por Gene Dalton e Paul Thompson em 1985. Em vez de ser prescritiva e normativa, essa estrutura reflete o que as empresa valorizam, avaliando o desenvolvimento da liderança, que se realiza em quatro fases.

- *Estágio 1 – Aprendiz*. Realizam tarefas sob supervisão constante. Os empregados são dependentes e trabalham sob o comando de outros, ajudando e aprendendo.

- *Estágio 2 – Colaborador.* Estabelecem competência distintas, exercem trabalhos bem elaborados e voltados à resolução de problemas. Os empregados demonstram competência como trabalhadores independentes. Desenvolvem credibilidade e reputação.
- *Estágio 3 – Líder local.* Lideram e desenvolvem os demais membros da equipe, fazendo as interfaces entre diferentes funções, negócios e áreas. Os empregados estimulam os demais com ideias e informações e ajudam a desenvolver os outros.
- *Estágio 4 – Líder global.* Definem a direção da empresa, focando na vantagem competitiva. Neste estágio, os empregados oferecem uma direção e exercem poder e liderança.

A lógica dos estágios de desenvolvimento proporciona um método claro para avaliar o conhecimento, as habilidades e as perspectivas de pessoas no grupo de talentos. O processo de avaliação se faz em três etapas.

- Determinação do estágio de liderança ideal dada as prioridades estratégicas.
- Determinação da real distribuição do estágio da liderança.
- Determinação do preenchimento de lacunas e dos desvios entre os indivíduos e a empresa.

4. Teoria do desenvolvimento ético e moral: perspectiva de Kohlberg

Uma das características mais importantes – e talvez a de avaliação mais difícil – é o caráter ético e moral da liderança.

O raciocínio moral refere-se ao julgamento do que consideramos certo ou errado em determinado ato. O modo como esse raciocínio, ou juízo de valor moral, se desenvolve diz respeito à idade em que a criança poderá ser considerada moralmente responsável. Também está ligado ao desenvolvimento cognitivo, que é designado pela perspectiva cognitiva do desenvolvimento. Os principais trabalhos realizados nessa área foram produzidos de forma pioneira por Piaget e Kohlberg.

A teoria de Piaget (desenvolvimento da consciência moral da criança)

Na prática educacional, pergunta-se frequentemente como as crianças lidam com regras (de jogos ou sociais). E mais: o que se pode esperar de cada idade do desenvolvimento humano no que diz respeito às relações da criança com os aspectos da justiça e da moral.

Piaget propôs que a forma pela qual as crianças lidam com as regras de um jogo, com a justiça e a moral varia no decorrer do processo de desenvolvimento. Ele estabeleceu três estágios de consciência infantil.

- Até 4 ou 5 anos – as regras não eram compreendidas.
- Dos 4/5 aos 9/10 anos – as regras tinham origem em uma autoridade superior (por exemplo, adultos, polícia ou Deus), e não podiam ser alteradas.
- Dos 9/10 anos em diante – as regras passam a ser estabelecidas por mútuo acordo dos jogadores e por essa razão podem ser mudadas caso todos os participantes concordem.

Piaget concluiu que as crianças adquirem versões diferentes das regras e, quando jogam juntas, essas discrepâncias tornam-se evidentes e têm de ser resolvidas. De acordo com Piaget, esse contato com pontos de vistas divergentes constitui um elemento crucial para o desenvolvimento da moralidade autônoma de reciprocidade.

Teoria de Kohlberg (consciência moral adulta)

Kohlberg investigou o desenvolvimento do raciocínio moral, com base em dilemas, e postulou três níveis de raciocínio moral, subdividindo cada um em dois estágios, perfazendo um total de seis fases.

Nível 1: moralidade pré-convencional. O indivíduo raciocina em relação a si mesmo e ainda não compreendeu nem integrou totalmente as regras e expectativas sociais.

- *Estágio 1 – Do castigo e da obediência.* Evita infringir regras que acarretem punições, obediência, evita danos físicos a pessoas e bens.
- *Estágio 2 – Do objetivo instrumental individual e da troca.* Segue as regras apenas quando se trata do interesse imediato de alguém; age para satisfazer os próprios interesses ou necessidades e deixa os outros fazerem o mesmo.

Nível 2: moralidade convencional. O indivíduo considera correto aquilo que está conforme as regras, respeitando as expectativas e convenções da sociedade.

- *Estágio 3 – Das expectativas interpessoais mútuas, dos relacionamentos e da conformidade.* Corresponde às expectativas das pessoas mais próximas ou ao que as pessoas geralmente esperam dos indivíduos na posição. "Ser bom" é importante e significa ter boas intenções, mostrar interesse pelos outros e estabelecer relações recíprocas, como confiança, lealdade, respeito e gratidão.
- *Estágio 4 – Da preservação do sistema social e da consciência.* Cumpre os deveres com os quais concorda. As leis são para ser cumpridas, exceto em casos extremos, quando entram em conflito com outros deveres sociais estabelecidos.

Nível 3: moralidade pós-convencional. Um indivíduo situado neste nível compreende e aceita as regras da sociedade em sua globalidade, mas só porque acredita em determinados princípios morais. Caso um desses princípios entre em conflito com as regras da sociedade, ele julgará com base nesse princípio, e não de acordo com a convenção social.

- *Estágio 5 – Dos direitos originários, do contrato social ou da utilidade.* Tem consciência de que as pessoas defendem diferentes valores e opiniões e de que grande parte das regras é específica de determinado grupo, embora os valores devam ser respeitados para garantir a imparcialidade, ou isenção, e até porque fazem parte do contrato social. Determinados deveres e direitos não específicos, como a vida e a liberdade, porém,

têm de ser forçosamente defendidos em qualquer sociedade, independentemente da opinião da maioria.
- *Estágio 6 – Dos princípios éticos universais*. Segue princípios éticos escolhidos. As leis particulares ou os acordos sociais são normalmente válidos porque se baseiam nesses princípios. Quando as leis os violam, os indivíduos age, de acordo com o princípio. São premissas universais de justiça: igualdade dos direitos humanos e igualdade do ser humano enquanto indivíduo.

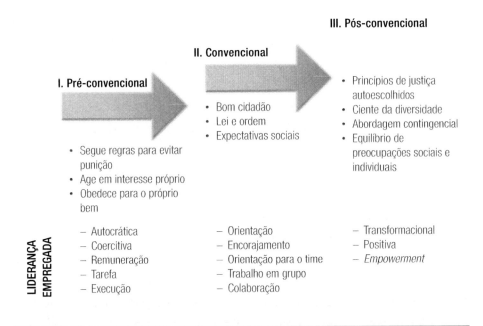

Figura 5. Estágios de desenvolvimento moral, definidos por Kohlberg (1981)

Aplicando as técnicas de avaliação no contexto organizacional

O objetivo de um processo sistemático de avaliação é fazer uma análise de potenciais capacidades e da experiência dos ocupantes de cargos estratégicos para determinar o grau de adequação e efetividade para o exercício de sua função na empresa, além de prepará-los para utilizar suas possibilidades e habilidades nos processos de mudanças organizacionais e pessoais.

Em geral, os programas de avaliação e reorientação de atuação profissional organizam-se em dois momentos: um é de diagnóstico e de avaliação pessoal e de carreira, com o uso de ferramentas adequadas; e o outro, de elaboração de uma estratégia personalizada e de um plano de ação para a evolução da atuação dos profissionais. Esse plano de ação deve ser configurado em etapas, processos de treinamento e formação de grupo, *coaching* e *mentoring* individuais.

No caso da adequação profissional, a avaliação desenrola-se em três etapas. Na primeira, é feito um balanço das competências; na seguinte, há avaliação e determinação das preferências profissionais, das estratégias de comportamento e dos modos de atuação; e, finalmente, apresenta-se uma estimativa da adequação entre os "comportamentos e conhecimentos" de cada pessoa e as necessidades de uma função, cargo, contexto, missão, equipe, etc. Isso permite colocar cada profissional no lugar em que poderá ser mais útil e produtivo, favorecendo a adequação entre os homens e as posições. O "alinhamento positivo" é gerado por uma percepção compartilhada da situação atual, da visão do futuro que se quer criar e das necessidades e expectativas das partes interessadas.

Uma etapa simultânea é a montagem de um plano de sucessão e evolução. Seu objetivo é garantir que a empresa continue inovadora, competitiva e forte, sempre na plenitude do seu potencial. Com um plano de sucessão, a empresa oferece oportunidades para as pessoas conforme os talentos especiais de cada uma. Quem tiver talento e preferência para trabalhar numa área, poderá se candidatar a vagas disponíveis nessa área específica de seu interesse. Cada cargo seria ocupado por um profissional com talento e competência, mesmo que em potencial, para se sair bem na execução das tarefas e responsabilidades do cargo, independentemente de sua área de origem e formação.

Plano de desenvolvimento e treinamento

As empresas investem quantias enormes para melhorar a qualidade de sua liderança, mas os resultados são decepcionantes. Boa parte do problema deriva das abordagens e formas de treinamento. Em vez de desenvolver individualmente seus líderes, as organizações deveriam buscar desenvolver uma marca da liderança – o todo, o estilo, o global. A formação usual é centrada nos indivíduos, tentando melhorar seu estilo pessoal ou os resultados alcançados. O desenvolvimento da liderança não se concentra apenas na pessoa, mas também na criação de um grupo melhor de líderes. Os critérios de avaliação de investimentos em formação devem considerar as seguintes características: nem todo os líderes são iguais e, portanto, precisam de treinamentos diferentes; os investimentos devem aproveitar o desenvolvimento dos pontos fortes; é preciso personalizar os investimentos; os gastos em liderança devem formar um sistema integrado e não um processo isolado; os investimentos em liderança são profundamente vinculados à empresa; a formação de líderes pressupõe diferentes técnicas e tipos de experiência; e, por fim, é preciso dispor de uma nova fórmula para o desenvolvimento da liderança. (São sete princípios que serão detalhados mais adiante neste livro.)

Estilos de aprendizagem

Para desenvolver líderes, temos de ensiná-los, antes de tudo, a repensar suas formas de aprendizado e de busca de solução.

Um dos melhores modelos de avaliação dos estilos de aprendizado é o LSI (*Learning Styles Inventory*), desenvolvido por Davi Kolb, em 1981 (Wysocki, 2001). O LSI difere de outros testes utilizados na educação por ter como base um sistema abrangente de desenvolvimento, que é a teoria da aprendizagem experiencial (ELT – *Experiential Learning Theory*), construída sobre as seguintes proposições:

- *Aprendizagem é um processo.* A educação deve ser concebida como a reconstrução contínua de uma experiência.
- *Todo aprendizado é um reaprendizado.* A aprendizagem é facilitada por um processo que busca integrar o novo com as crenças e ideias já existentes e aceitas pelas pessoas.

- *A aprendizagem é um processo holístico de adaptação ao mundo.* Aprendizagem não é apenas o resultado da cognição, mas envolve o pensar, o sentir, o perceber e o comportar-se.
- *Aprendizagem é resultante da sinergia entre a pessoa e o ambiente.* Ela ocorre por meio de equilíbrio dos processos de assimilar novas experiências existentes em conceitos e de acomodar conceitos existentes para uma experiência nova.
- *Aprendizagem é o processo de criação de conhecimento.*

A teoria de Kolb estabelece quatro estilos de aprendizagem distintos, ou preferências, com base em um ciclo de quatro estágios, que também pode ser interpretado como um "ciclo de formação". O modelo de Kolb oferece tanto uma maneira de entender os estilos de aprendizagem de cada pessoa como também uma explicação de um ciclo que se aplica a todos. O "ciclo de aprendizagem" está expresso em quatro estágios, com "experiências imediatas ou concretas" que fornecem uma base para "observações e reflexões". Estas são assimiladas e transformadas em novos "conceitos abstratos", produzindo implicações para a ação que podem ser "ativamente testadas", o que, por sua vez, permite a criação de novas experiências. Este processo representa um ciclo de aprendizagem, uma espiral, ou seja, uma sequência de experimentar, refletir, pensar e agir.

O modelo de Kolb funciona em dois níveis, com um ciclo de quatro fases ou preferências, descritas a seguir.

- *Conceituação abstrata* (CA). Esta preferência é associada ao conceito de aprender pelo pensamento. A pessoa analisa as ideias e as informações, tirando conclusões com base em sua capacidade intelectual de compreensão da situação.
- *Experimentação ativa* (EA). É associada ao conceito de aprender na prática. As pessoas simplesmente vão em frente, fazendo as coisas. Elas aceitam os riscos, são voltadas para o resultado e influenciam os outros por meio da ação.
- *Experiência concreta* (EC). Está associada ao conceito de aprendizado pela experiência. O indivíduo tira conclusões a partir das vivências em

situações equivalentes. São pessoas que fazem as coisas a partir de suas experiências e da observação dos outros.
- *Observação reflexiva* (OR). Esta preferência é associada ao conceito de aprendizado pela observação. A pessoa observa os outros e, a partir disso, estrutura sua maneira de enfrentar a situação.

Temos agora uma definição de quatro estilos de aprendizagem (cada tipo representando a combinação de dois estilos preferidos, como uma matriz dois por dois dos estilos de quatro estágios do ciclo), conforme é apresentado na Figura 6.

- *Assimilador*. Combinação de observação reflexiva e conceituação abstrata (OR + CA).
- *Divergente*. Combinação de experiência concreta e observação reflexiva (EC + OR).
- *Acomodador*. Combinação de experimentação ativa e experiência concreta (EA + EC).
- *Convergente*. Combinação de conceituação abstrata e experimentação ativa (CA + EA).

É importante salientar que, no resultado final, aparecem um estilo primário direto e um secundário oposto que formam os quatro perfis de aprendizagem, resumidos a seguir.

- *Assimiladores*. São indivíduos que coletam e organizam dados e informações de forma lógica. São focados mais em ideias e conceitos do que em pessoas. Estão mais interessados em situações que tenham um sentido lógico e das quais possam tirar valores práticos e concretos. Aprendem e se desenvolvem melhor em funções e assuntos técnicos.
- *Divergentes*. Gostam de olhar alternativas e estudar uma situação por várias perspectivas. Preferem observar do que realizar a ação. Gostam de *brainstorming* e têm amplo espectro de interesses. Em geral, são criativos e inovadores.

- *Acomodadores*. São orientados para resultados e gostam de colocar as coisas em prática. Adaptativos, adequam-se às circunstâncias. São voltados para as pessoas e implementadores.
- *Convergentes*. Gostam de estruturar as informações para resolver problemas. Buscam a convergência para uma solução, mas não são bons implementadores. A força deles reside na habilidade de entender conceitos, ideias e modelos para transformá-los em uso prático.

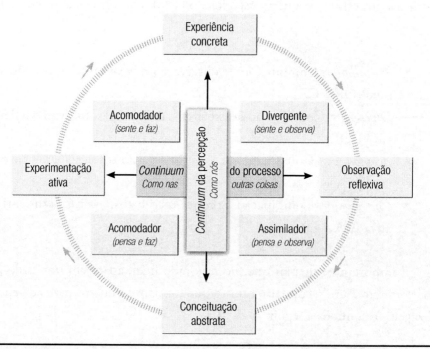

Figura 6. LSI (*Learning Styles Inventory*), modelo desenvolvido por Davi Kolb em 1981.

Um bom exemplo para resumir e tornar claros os estilos e as preferências anteriores é imaginar uma pessoa que deseja aprender a nadar. Se ela diz "preciso primeiro aprender sobre os princípios de flutuação em meios líquidos", trata-se da conceituação abstrata. Quando a pessoa afirma "eu quero ir para piscina, mas gostaria de ter alguém junto caso comece a afundar", é a experimentação ativa. Se ela diz "eu entro na piscina e arrumo um jeito de sair nadando", temos uma experiência concreta. E ocorre uma observação reflexiva quando a pessoa diz "será que posso ver alguém nadando antes de entrar na piscina?".

Investimento em capacitação

Há regras que devem ser seguidas para se conseguir bons resultados, e elas foram resumidas nos sete princípios a seguir.

1. Nem todos os líderes são iguais e, portanto, precisam de treinamentos diferentes

As empresas definem regras equânimes em termos de horas e valor para todos os seus líderes, mas não é a melhor alternativa. Os treinamentos devem ser concentrados naqueles que atuam em funções críticas e nos que têm maior potencial ou talento para crescimento. Os líderes com alto potencial merecem um investimento maior.

2. Os investimentos devem aproveitar o desenvolvimento dos pontos fortes

O desenvolvimento do estilo de liderança prevê que os líderes, em todos os níveis da empresa, precisam dominar os elementos-chave alinhados com a marca da liderança da organização. Se uma empresa trabalha para oferecer atendimento excepcional aos seus clientes, os líderes precisam ser bons para criar relacionamentos, comunicar valores e resolver problemas tanto dentro quanto fora da corporação. Se não consegue alinhar seu comportamento pessoal a essas necessidades, o líder não se enquadra na empresa. É melhor dispensá-lo, em vez de continuar investindo nele. Uma alternativa, porém, seria tentar suprir suas carências e deficiências – caso ele possua capacidade de adaptação – na estruturação de uma nova equipe.

3. É preciso personalizar os investimentos

Cada líder tem um estilo único de aprendizagem. O treinamento ideal deve ser adequado a cada momento, a cada situação e a cada indivíduo.

4. Os investimentos em liderança devem formar um sistema integrado, e não um processo isolado

Os investimentos em desenvolvimento tendem a ser isolados e fragmentados, como nos treinamentos, *coaching* e rodízios de função temporários. Uma arquitetura de aprendizagem, ou um sistema integrado de treinamento, é fundamental para formação de um estilo de liderança.

5. Os investimentos em liderança estão profundamente vinculados à empresa

O desenvolvimento da marca de liderança começa com uma declaração clara das expectativas dos clientes e investidores, traduzida por uma estratégia da empresa. Esse conjunto deve formar a base para a criação de um sistema específico para a formação e o desenvolvimento da liderança.

6. O desenvolvimento em formação de líderes pressupõe diferentes técnicas e tipos de experiência

Os investimentos em liderança para os diferentes estágios de carreira são variáveis, mas devem priorizar a operação no caso do aprendiz, o desenvolvimento de maior autonomia e responsabilidade no estágio do colaborador, a formação de equipes e a expansão dos relacionamentos para o líder local. Nos investimentos para o estágio de líder global, elaborar e atingir os objetivos estratégicos devem ser o foco principal.

7. Uma nova fórmula para desenvolvimento da liderança

A fórmula "70-20-10" resume a lógica que estrutura o aprendizado e o desenvolvimento: 70% decorrem da experiência com tarefas e resolução de problemas no ambiente de trabalho, *on the job trainnig*, 20% refletem a convivência com os colegas, por meio de comentários e observações, e apenas 10% resultam do treinamento formal. Independentemente de ser a menor parcela, o treinamento formal tem um impacto nas outras formas de desenvolvimento porque é o meio mais adequado na busca de soluções e métodos inovadores.

O treinamento eficaz, que oferece modelos cognitivos e relacionais, traz valor quando aplicado em experiências de trabalho posteriores. Apesar disso, o aprendizado com base nas atividades práticas do trabalho continua sendo o principal fator de desenvolvimento de líderes e da marca da liderança, obtido pela transmissão de conhecimentos a partir de indivíduos com larga experiência.

Bons investimentos na marca da liderança evitam o enfoque turístico – aquele tipo de treinamento em que as pessoas mais parecem turistas que visitam os locais, ouvem, veem, mas não aplicam nada do que aprenderam em seu local de trabalho. Os melhores treinamentos promovem mudanças emocionais, comportamentais e duradouras que são diretamente aplicadas no âmbito profissional.

Tradicionalmente o treinamento é realizado por meio de um curso, com início, meio e fim claros, realizado fora do local de trabalho. Os participantes chegam, participam do evento e gostam do que veem –, mas, quando voltam ao trabalho, não mudam seu comportamento.

Os treinamentos mais efetivos referem-se especificamente a um projeto em que tudo aquilo que é ensinado precisa ser implementado no trabalho. As fronteiras entre dentro e fora do trabalho não são claras. Normalmente, são chamadas de aprendizagem em ação.

Essa formação incentiva os participantes a aplicar o que aprenderam diretamente em sua vida profissional.

Medidas de evolução

Como medir a eficácia dos treinamentos e do desenvolvimento da liderança?

Existem dois critérios para medir o retorno sobre o investimento em liderança. Um é o enfoque da competência e o outro vê o retorno concreto sobre investimento em treinamento.

O enfoque da competência mede esforços isolados dos investimentos feitos no desenvolvimento de características específicas dos líderes, mas não consegue dimensionar a aplicação prática daquela competência formada ou expandida. Portanto, a avaliação restringe-se a medidas da atividade (quantas pessoas foram treinadas, quantas horas de treinamento) ou ao impacto percebido (análise subjetiva dos cursos de treinamento de qualidade) ou ao cálculo das competências aprendidas (resultado dos testes realizados durante o curso). Não é, porém, a maneira mais adequada.

A outra forma – o retorno concreto sobre investimento em treinamento – mede e avalia os resultados práticos nos modelos da liderança.

1. Avaliação do impacto do treinamento para desenvolver a liderança

O modelo descreve quatro dimensões do impacto, de acordo com o estudo de Donald Kirkpatrick, da Universidade de Wisconsin.

- *Atitude.* Os participantes apreciaram a experiência de desenvolvimento de liderança?
- *Conhecimento.* Eles aprenderam algo com essa experiência?
- *Comportamento.* Mudaram de comportamento como resultado da experiência de liderança?
- *Resultados.* Os participantes aplicaram o aprendizado de modo a produzir um retorno sobre o investimento?

De todas as medidas que podem ser aplicadas, existem três que são as mais importantes.

- *Melhorias para justificar investimentos na liderança.* Como os investimentos em liderança melhoraram a execução da estratégia de rentabilidade e do valor do negócio.
- *Melhorias na força do grupo de líderes.* Medindo o índice de qualidade da equipe de líderes e o grau de confiança nos substitutos dos líderes críticos.
- *Impacto na retenção dos principais talentos.* Consiste em duas partes: o valor na retenção desses talentos e o custo na substituição deles.

2. Avaliação da confiança dos *stakeholders* na liderança

As medidas estão voltadas para dimensionar o valor que os investimentos em liderança levam para o mundo exterior – retorno sobre os intangíveis.

Valor intangível é aquele percebido pelos investidores, como o preço das ações que se altera positivamente por associação do valor da empresa com sua marca da liderança. Os intangíveis representam a confiança que os *stakeholders* têm no futuro do negócio. Empresas com marcas de liderança sólidas exibem alto valor intangível porque os *stakeholders* demonstram muita confiança na capacidade de os líderes apresentarem bons resultados futuros.

Basicamente, temos um padrão de quatro níveis para aumentar os valores intangíveis da empresa.

- *Nível 1 – Confiança.* Cumprir suas promessas, apresentar resultados consistentes e previsíveis. Líderes que fazem e cumprem promessas desenvolvem a credibilidade, a confiança e a convicção.
- *Nível 2 – Clareza.* Articular uma estratégia sólida, planejar o futuro. Um alto nível de confiança entre os empregados ajudará a desenvolver a credibilidade entre os investidores;
- *Nível 3 – Execução.* Investir nas principais competências, aplicar o dinheiro para viabilizar a estratégia. Os investimentos em desenvolvimento da liderança devem levar a uma maior qualidade de gestão percebida pelos *stakeholders*.
- *Nível 4 – Singularidade.* Melhorar as capacidades da empresa, desenvolver valor por meio das pessoas e da instituição. Existem seis capacidades básicas que a organização precisa enfatizar: talento, rapidez, atitude compartilhada, responsabilidade, colaboração e aprendizado. Os investimentos devem se concentrar em torno dessas capacidades e avaliar a contribuição conforme elas vão melhorando.

3. Criação de um sistema de gestão de capacitação e performance

Para manter o controle dos investimentos e os resultados dos esforços no desenvolvimento é importante ter (ou criar) um sistema de gestão de capacitação e performance. Essa estrutura deve conjugar um método completo de agendamento, monitoração, análise financeira e performance com tecnologia avançada que utilize a internet e dispositivos móveis para possibilitar a integração de todos os componentes do programa de capacitação e desenvolvimento.

CAPÍTULO 7

A PRÁTICA DE UMA LIDERANÇA POSITIVA APLICADA A CLIENTES, FORNECEDORES, PARCEIROS DE NEGÓCIOS, ACIONISTAS, INVESTIDORES, FAMÍLIA...

Quando perguntamos às pessoas o que é uma empresa, obtemos respostas que a restringem às "suas paredes". A visão que se tem da empresa é definida e composta por seus produtos, funcionários, sistemas, fábricas, filiais e locais de trabalho. Uma empresa vai muito além disso, porque ela não existe sem clientes e fornecedores, sem acionistas e investidores, etc. A empresa é todo o conjunto visto e percebido pelo mercado por sua atuação, sua imagem, suas marcas, o atendimento aos clientes, a rentabilidade, os dividendos, o posicionamento, o estilo de liderança, além, é claro, de seus produtos e serviços.

A imagem da marca dos produtos – ou serviços – acaba associada à imagem da própria empresa. Nike, Reebok, Coca Cola, Pepsi, McDonalds, Burger King, IBM, Microsoft, Apple, Google, Facebook, Youtube, Ralph Loren, Lacoste, Nokia, Blackberry, Volkswagen, BMW, GM, Toyota e tantas outras têm uma espécie de "personalidade" percebida por meio da imagem de suas marcas.

A marca de uma empresa e a marca da liderança

Tudo o que acontece é símbolo e, como representa a si mesmo perfeitamente, aponta para todo o resto – Goethe (1749-1832).

A imagem percebida de uma pessoa, ou de uma empresa representa um símbolo característico da cultura de um grupo. São arquétipos básicos, junguianos ou mitológicos, mas sempre com uma correlação entre o significado dessa marca e o do arquétipo que a representa, que pode ser o do rei, do guerreiro, do sábio, do herói ou do bandido, do mágico, do amigo, etc. A melhor maneira de divulgar a imagem de uma empresa, de uma marca, de um produto, de um projeto ou de uma pessoa é pela representação clara de um símbolo e, a partir disso, manter uma coerência absoluta com a essência do arquétipo.

A publicidade sempre usou, mesmo sem ser proposital, imagens arquetípicas para definir e vender produtos, pessoas e conceitos. Os ícones de uma marca vão sempre mais longe. Não se trata apenas de usar imagens simples dos arquétipos para posicionar uma marca, uma empresa, uma pessoa, um projeto ou produto. Mas, ao longo do tempo, a própria empresa – ou marca, produto, projeto ou pessoa – assume essa significação simbólica. Isso vale para sabonete, sapato, software, hambúrguer, para um líder, um projeto, etc. Esse significado relacionado com a imagem passa a representar um ativo, que precisa ser valorizado como qualquer outro. O fato é que poucas empresas e pessoas, conscientemente, constroem uma imagem coerente de seus produtos e projetos. Existe, na verdade, toda uma metodologia para definir essa imagem, dar o significado que se pretende e planejar a comunicação desse significado, dessa imagem e dessa marca do produto ou projeto. A administração do significado e da imagem, tão relevante no mundo empresarial, é ainda mais importante e sutil para o processo político e social, para as personas públicas, sejam artistas, políticos, líderes empresariais ou profissionais liberais.

A ideia é definir o que significa a imagem da empresa ou da pessoa e transformar isso em algo positivo e permanente – um ícone. Não se trata de criar uma imagem e sim perceber qual é a coerência real da imagem e fixá-la. Ser coerente é identificar quais eventos patrocinar, em que mídias aparecer, que opiniões emitir, o que falar, que postura adotar e até mesmo que roupa usar. No fundo, é montar uma imagem para a empresa, o projeto ou o produto antes de começar o trabalho de divulgação. Muito mais profunda do que uma simples comunicação, é a sustentação de um significado da imagem da pessoa ou do produto – e parte importante do modelo de liderança positiva. Trata-se da divulgação de uma preocupação com o bem-estar coletivo, com a comunidade, apoiada na cultura e nos preceitos de cada sociedade ou grupo. Atuando sob essa nova perspectiva, os líderes e as empresas passam a desenvolver ações que associam seus projetos a objetivos que façam sentido para as pessoas.

Para atingir esses resultados, é importante usar a propaganda e, sobretudo, as ações de relações públicas para divulgar na mídia o conceito e a responsabilidade de cada passo, criando campanhas que ressaltem a busca de resultados sociais, valorização do meio ambiente, melhoria da qualidade de vida, etc. Dessa forma, o público interno, os parceiros sociais e o público externo enxergarão o projeto de reestruturação de outro modo e se sentirão mais motivados para apoiá-lo.

Um dos fatores-chave para a construção de uma imagem de marca e de empresa é sua liderança. E vice-versa. Uma liderança deve se adequar, ser coerente e representativa da imagem da marca e da empresa. A marca da liderança tem de ser a mesma marca da empresa, e o significado arquetípico dessa marca precisa ser, coerentemente, o mesmo de sua liderança – rei, guerreiro, sábio, herói ou bandido, mágico, amigo, etc.

Liderança positiva extramuros: clientes, fornecedores, acionistas

A liderança não se aplica apenas intramuros. Ela precisa ser exercida em todo o conjunto que representa a empresa – seus clientes, fornecedores, acionistas, investidores, parceiros sociais e comunidade. Para ser efetiva, deve concentrar-se nos aspectos externos, indo além dos internos e pessoais, bem como na busca de resultados e no atendimento das expectativas desse mesmo conjunto –

parceiros, investidores, etc. – que exige resultados imediatos. Para isso, é preciso estar atento, observando, avaliando o que está acontecendo e o que vai alterar o futuro. É preciso aprender a antecipar, saber ouvir, conviver e influenciar. Líderes positivos são flexíveis e acreditam nas pessoas, sabem que devem se expor ao mercado e estar junto com clientes e fornecedores, além de estabelecer padrões bem altos para o serviço e níveis de atendimento que devem ser medidos, avaliados e cumpridos. Eles também sabem agradecer aos clientes e fornecedores, transformando-os em parceiros comprometidos e fiéis. Líderes positivos devem se tornar fonte de credibilidade e admiração no mercado. Com o foco externo, a liderança efetiva precisa revisar permanentemente o modelo de competências da empresa, além de descobrir e desenvolver conhecimentos e habilidades. São valores que todos os líderes e funcionários precisam ter e demonstrar para atender às expectativas de clientes, acionistas e investidores.

Uma liderança positiva procura enfatizar aquilo que valoriza indivíduos e organizações, o que está dando certo e cria bem-estar, as boas experiências, realizações extraordinárias e inspiradoras. Implementar uma liderança positiva significa promover desempenhos satisfatórios no trabalho, desenvolver boas relações interpessoais, comportamentos adequados, incentivar emoções positivas, manter bom humor, criar redes de relacionamentos de energia positiva.

Comportamento e emoções são contagiosos. Quando um líder aplica a gestão positiva à sua equipe passa a desenvolver um procedimento similar nas relações pessoais e com o mundo externo. Isso automaticamente dissemina o uso das quatro estratégias descritas anteriormente na Figura 4 (pág. 50). No gerenciamento do processo comercial, essa postura positiva promove resultados extraordinários.

Desenvolver otimismo e cultivar um clima positivo

Quem trabalha diretamente com clientes, fornecedores, acionistas e investidores enfrenta dificuldades, pressões, críticas, desaprovações. Está constantemente confrontado por problemas e obstáculos e, caso não esteja preparado, apresenta a tendência de concentrar o foco e dar mais atenção aos aspectos negativos e defensivos. Cada crítica, mesmo se vier no meio de elogios durante um relacionamento comercial, provoca um efeito contraproducente desproporcional.

Vendedores despreparados tendem a desistir ou ceder diante de erros ou dificuldades porque encaram a realidade de forma mais pessimista. Acreditam que são culpadas pelo que está acontecendo de ruim e acham que essa situação vai durar para sempre e atrapalhar qualquer coisa que tentem fazer. Eles precisam ser treinados para desenvolver o otimismo – vendedores persistentes conseguem vender muito mais. Pessoas otimistas são mais persistentes, pois acreditam que as causas de algum insucesso são temporárias e, no futuro, tudo dará certo.

Líderes eficientes sabem criar um clima positivo e reverter o pessimismo da equipe, porque, como já foi demonstrado por Seligman, as pessoas aprendem a ser otimistas.

Networking: desenvolvendo relacionamentos positivos

Um relacionamento social positivo, com conexões e interações interpessoais satisfatórias, torna-se fator fundamental nos processos comerciais. Uma relação afirmativa e manifestações de apoio provocam efeitos positivos na performance e no desempenho. Quando as pessoas se sentem pertencendo a um grupo, dando e recebendo suporte e encorajamento, e têm as suas necessidades atendidas reciprocamente, elas ficam mais seguras, o que aumenta sua produtividade. Construir um grupo com uma rede de relacionamento positivo entre os parceiros profissionais e comerciais é fator essencial para um desempenho excepcional. Também crescem as chances de fechar novos negócios por meio de uma indicação – boas oportunidades são compartilhadas com os amigos.

Para construir redes positivas de relacionamento é preciso ser alguém otimista, confiável, desprendido, que funcione como centro de influência e fonte de informação, mas também que saiba identificar e trazer para a rede outros energizadores positivos, evitando indivíduos negativos, críticos, pessimistas, egoístas e inflexíveis, que esgotam a energia, os bons sentimentos e o entusiasmo dos outros. Um líder eficiente desenvolve o relacionamento afirmativo não só pelo seu comportamento pessoal, mas também pela montagem de uma rede de energizadores positivos.

O fator aglutinador que permite maximizar os efeitos dos contatos é fazer com que as pessoas percebam como e o que podem ganhar com cada parceiro na rede. Essa percepção pode transformar uma simples rede de contatos em uma comunidade de negócios. Cada participante deve definir o que esperar dos outros e também lhes oferecer soluções e apoio. Para que sua rede se mantenha e cresça, o líder positivo tem de estar visível e disponível. Precisa se mostrar aberto e amigável, ser simpático e projetar uma imagem positiva e bem humorada. Deve transmitir segurança e gerar confiança, além de demonstrar interesse real pelos outros. Envolvimento é a palavra-chave para que uma rede positiva de relacionamento abra as portas e crie oportunidades, assim como ter uma comunicação positiva, transmitir otimismo e criar expectativas proveitosas.

CAPÍTULO 8

CLIMA ORGANIZACIONAL POSITIVO, LIDERANÇA POSITIVA E RESULTADOS FINANCEIROS

Clima organizacional positivo

Resultado de uma liderança positiva, o clima organizacional positivo é caracterizado pela percepção – generalizada por parte dos empregados – da existência de flexibilidade na estruturação das condições de trabalho. Flexibilidade tanto no sentido físico, incluindo horários, locais e roupas, como na existência e manutenção de uma liberdade de atuação, com responsabilidade e comprometimento, para inovar e fazer o que precisa ser feito. Assim, os padrões, a missão, os valores e o nível de expectativas estabelecidos com clareza são sempre discutidos e compartilhados. De acordo com George Litwin e Robert Stringer, a percepção de reconhecimento/recompensa ocorre com base em um profundo senso de justiça, de equidade e, por fim, de comprometimento com um propósito comum.

A seguir, resumimos algumas características existentes nas "melhores empresas para se trabalhar".

- Liderança aceita e admirada.
- Clima organizacional positivo.
- Equipe mobilizada.
- Sentimento de significado e vocação.
- Ambiente agradável.
- Comunicação ampla e eficaz.
- Expectativa otimista por resultados positivos.

O ambiente explica de 20% a 30% do desempenho dos negócios. As ações do líder representam de 50% a 70% da percepção dos empregados sobre o ambiente organizacional (Goleman, 1999). Outra característica importante para criar um clima positivo é o otimismo, como causa e consequência de uma expectativa de resultados positivos. Todos estão informados de tudo e sabem e/ou percebem que a empresa está indo bem e dá lucro. A liderança transmite confiança e confirma que a organização faz investimentos, tem planos e desenvolve projetos e produtos para o futuro.

Great place to work e resultados positivos

As pesquisas realizadas nos últimos 25 anos pelo GPTW (Great Place to Work Institute), mostram que "um bom lugar para trabalhar" é resultante da confiança nas pessoas para quem se trabalha, do prazer de conviver com camaradagem com os colaboradores e do orgulho que se sente pela empresa e pelo que se faz. O conceito de confiança pode ser segmentado em credibilidade das pessoas, respeito e sentimento de justiça, além de imparcialidade nos julgamentos, características profundamente relacionadas à figura e ao estilo dos líderes. A credibilidade de uma liderança é percebida pela confiabilidade resultante de uma comunicação aberta, franca e honesta. É decorrente da percepção da integridade moral do líder e da competência demonstrada na gestão das tarefas e dos negócios. O respeito é consequência do sentimento de participação e envolvimento nas decisões, de um ambiente estimulante e, sobretudo, do processo formal de reconhecimento. A imparcialidade é característica de ambientes livres de "politicagens" e discriminações nos quais as necessidades e demandas são equitativamente divididas e compartilhadas.

Ao longo desses anos, o GPTW comprovou que as empresas que apresentam um clima organizacional positivo, como resultado de uma liderança positiva, conseguem resultados muito acima da média dos setores em que estão inseridas.

Em uma ampla amostragem, a Franklin Research & Development tem feito avaliações e comparações entre dois grupos de empresas – as cem eleitas como as melhores para se trabalhar e as que compõem o índice Standard & Poor 500 – por meio de critérios convencionais, como crescimento do lucro em determinado tempo (ganho por cota) e aumento do preço da ação (aceitação das ações). Os resultados têm sido sempre da mesma ordem: as cem melhores empresas para se trabalhar foram mais lucrativas (de duas a três vezes mais, dependendo do período selecionado) do que a média das 500 S&P. Nos mesmos períodos, o preço das ações das 100 melhores sempre teve maior valorização (de novo, de duas a três vezes mais) do que o das 500 S&P. De maneira similar, a Dan Witter Reynolds concluiu que "há fortes evidências de que as empresas que tratam bem seus empregados têm benefícios no resultado", reforçando que "um investidor prudente não pode ignorar a qualidade do clima positivo no local de trabalho como uma variável importante na escolha de seus investimentos". Desde o início da publicação do *ranking* das "100 melhores", inúmeros estudos demonstram que um clima positivo – desenvolvido por uma liderança positiva – gera resultados mais lucrativos. Em estudo recente, a Russell Investment Group avaliou a evolução de uma carteira hipotética, composta pelas ações das cem melhores empresas para se trabalhar, atualizada todos os anos com a troca de uma ação de uma empresa que saía por outra de cada nova empresa que entrava no grupo das cem melhores em cada ano de 1998 a 2010, comparando com a evolução do índice das 500 S&P e do Russell. O resultado apresenta uma valorização superior em duas a quatro vezes maior da carteira das cem melhores.

Realizado pela M2 Investimentos, um estudo mostra que uma aplicação de R$ 100 feita em 2000 em uma carteira composta pelas ações das empresas do *ranking* das cem melhores renderia R$ 1.205 em 2009, mas se tivesse sido feita em ações que compõem o índice Ibovespa, valeria apenas R$ 409.

Todo esse sucesso em rentabilidade e lucratividade das empresas que apresentam um clima positivo pode ser justificado por um alto grau de confiança nos relacionamentos interpessoais e de cooperação mútua, com desempenho muito acima do esperado e um nível de comprometimento superior.

CAPÍTULO 9

DESENVOLVENDO A LIDERANÇA POSITIVA E O OTIMISMO

Psicologia positiva: a busca do bem-estar, da felicidade, das forças e virtudes do caráter

Criada por Martin Seligman, Mihaly Csikszentmihalyi, C. R. Snyder, Christopher Peterson, Shelley Taylor, Barbara Fredrickson, Charles S. Carver, Michael F. Scheier e Jonathan Haidt, entre outros, a psicologia positiva é um movimento recente, com o objetivo de levar os psicólogos a adotarem "uma visão mais aberta e apreciativa dos potenciais, das motivações e das capacidades humanas" e despertar a ciência psicológica para "focar na sua mais importante missão: a de construir uma visão do ser humano com ênfase em aspectos virtuosos". A psicologia positiva foi desenvolvida como reação à convencional, focada no estudo dos estados e aspectos negativos da psique humana. Em 1998, no seu discurso de posse como presidente da American Psychological Association, Seligman exortou a psicologia a focar seus estudos "na compreensão e edificação das forças humanas a fim de complementar nossa ênfase na cura de distúrbios". A ideia teve sucesso e repercussão. Já em 2006, o curso mais procurado na escola de psicologia de Harvard foi o de psicologia positiva, com quase 28% a mais de inscrições do que o segundo colocado. Hoje, já existem mais de 200 cursos de graduação e mestrado sobre psicologia positiva nas mais importantes universidades norte-americanas, tais como Havard, Yale, Pennsylvania e Michigan.

Na "bíblia" da psiquiatria e da psicologia clínica, o livro *Comprehensive textbook of psychiatry*, "há milhares de linhas sobre ansiedade e depressão, centenas sobre terror, culpa, raiva e medo, mas só existem cinco linhas sobre esperança, uma sobre alegria e nenhuma sobre compaixão, perdão e amor", segundo George Vaillant. Em oposição a tudo isso, a psicologia positiva busca estudar novas possibilidades de compreensão de fenômenos psicológicos, como felicidade, otimismo, altruísmo, esperança, alegria, resiliência, virtudes, energia e força, em uma "tentativa de levar os psicólogos contemporâneos a adotarem uma visão mais aberta e apreciativa dos potenciais, das motivações e das capacidades humanas".

Barbara Fredrickson, pesquisadora da Universidade de Michigan, desenvolveu um trabalho acerca da função das emoções positivas – tais como alegria, otimismo, esperança – que fortalecem os recursos intelectuais, físicos e sociais. O estudo também mostrou que, ao contrário do que ocorre com as emoções negativas, o cultivo de sentimentos positivos promove uma disposição mental expansiva, tolerante e criativa, deixando as pessoas mais abertas a novas ideias e experiências.

Martin Seligman e Christofer Peterson coordenaram uma pesquisa com uma equipe de cientistas sociais procurando um consenso sobre as virtudes em diferentes culturas, religiões e filosofias. Realizado em inúmeros países, o grupo estudou o taoísmo, o budismo, o hinduísmo, o islamismo e as tradições judaicas e cristãs, além das clássicas doutrinas filosóficas de Platão, Aristóteles, Confúcio e Lao-tsé. No campo da psicologia, também foram analisados autores como Ericson, Maslow, Geemberger, entre outros. O resultado foi apresentado no livro *Character strengths and virtues: a handbook and classification*.

Os pesquisadores concluíram que as forças e as virtudes do caráter são universais. Seligman e Peterson desenvolveram então um sistema de classificação para os aspectos positivos, enfatizando as forças e o caráter. A esta classificação se deu o nome de *Values in Action*[2] (VIA – *Classification of Strengths and Virtues*). As

---

2 VIA Institute on Character: www.viacharacter.org.

24 forças de caráter foram dividas em quatro características – emocionais, cognitivas, relacionais e cívicas – e agrupadas em seis grupos de virtudes principais.

A. *Virtudes da sabedoria e do conhecimento* – curiosidade, prazer em aprender, abertura para novas ideias, criatividade, perspectiva.
B. *Forças da coragem* – valentia, perseverança, integridade, entusiasmo.
C. *Virtudes humanitárias* – amor, compaixão, inteligência social.
D. *Virtudes de justiça* – cidadania, justiça, liderança.
E. *Temperança* – perdão, humildade, prudência, autocontrole.
F. *Transcendência* – apreciação de beleza, gratidão, otimismo/esperança, humor, espiritualidade.

A. Virtudes da sabedoria e do conhecimento

As capacidades cognitivas, que implicam aquisição e utilização de conhecimento a serviço de uma vida de bem-estar, possuem relevância nas cinco forças de caráter que compõem as virtudes da sabedoria e do conhecimento, descritas a seguir.

1. Curiosidade, interesse pelo mundo

Interesse por experiências e conhecimentos novos. Busca por novidade, variedade e desafio. Sede de saber. Achar todos os assuntos e tópicos interessantes e fascinantes. Inclui interesse e busca por novidades, além de abertura a novas experiências.

2. Prazer em aprender, amor ao conhecimento e a aprendizagem

O prazer em aprender é uma característica individual, mas também representa uma predisposição universal de assimilar conhecimentos ou desenvolver interesses específicos. O gosto pela aprendizagem é a maneira pela qual o indivíduo assimila informações e habilidades novas ou um conteúdo específico. É gostar de aprender coisas, mesmo quando não há incentivos externos para isso.

3. Abertura a novas ideias, com juízo e pensamento crítico

Capacidade de saber confrontar suas próprias crenças, planos ou objetivos e ser capaz de mudar de ideia. Tirar conclusões apenas depois de avaliar todas as possibilidades, de forma racional e objetiva, sem preconceitos. Inclui pensamento crítico, juízo e critério.

4. Criatividade, originalidade, inteligência prática

Pensar em formas novas e produtivas de fazer as coisas inclui a criação artística, mas não se limita a isso. Criatividade implica dois componentes essenciais: originalidade e adaptabilidade. É necessário ter interesse pelo que acontece no mundo, por encontrar tópicos e ideias originais (novas, surpreendentes ou incomuns), explorar e descobrir coisas novas. Originalidade e criatividade precisam contribuir positivamente para melhoria da vida das pessoas e comunidades.

5. Perspectiva

Capacidade de dar bons conselhos e opiniões, de encontrar formas de compreender o mundo e de ajudar os outros a entendê-lo. É saber ouvir os outros, avaliar o que dizem e, então, oferecer bons conselhos. É a sabedoria propriamente dita, o conhecimento e a experiência, incluindo o seu uso para aumentar o bem-estar.

B. Forças da coragem

São forças emocionais que envolvem a realização de objetivos em situações difíceis. É a capacidade de enfrentar algo quando seria mais fácil ceder e desistir, como encarar o perigo, apesar do medo, e arcar com as consequências. Essas forças podem ser físicas (superar o medo de se ferir ou de morrer), morais (suportar perdas e manter a integridade) ou psicológicas (encarar problemas, doenças graves ou hábitos destrutivos). A seguir, as quatro forças de caráter que compõem a virtude da coragem.

6. Valentia

É não se deixar intimidar com ameaças, mudanças, dificuldades ou dor. Capacidade de defender uma posição que se acredita ser correta, embora haja forte oposição dos outros, e agir de acordo com suas convicções, mesmo se criticado. Inclui força física, heroísmo e bravura.

7. Perseverança e diligência

Inclui insistência e zelo para terminar o que começou. Significa persistir em uma atividade, mesmo diante de obstáculos, dificuldades, desencorajamento e resistências. Perseverança não quer dizer perseguir obsessivamente metas inatingíveis, mas persistir quando é correto e aconselhável. É obter satisfação com o trabalho realizado e com o êxito alcançado.

8. *Integridade, honestidade, autenticidade*

Implica sempre falar a verdade e assumir a responsabilidade por seus próprios sentimentos e ações. Inclui autenticidade e sinceridade, bem como ser moralmente coerente, ou seja, "verdadeiro" consigo mesmo e com os outros.

9. *Vitalidade e paixão pelas coisas*

Traduz-se em enfrentar a vida com entusiasmo vigor e energia, em fazer as coisas com convicção, dando tudo de si, e em viver a vida como uma aventura emocionante, sentindo-se vivo e ativo. Vitalidade é indicador de boa saúde física e de ausência de fadiga e doença. Também está diretamente associada a fatores psicológicos positivos, como sentir-se vivo, estar cheio de energia e entusiasmo por todas as atividades, mesmo em circunstâncias difíceis e potencialmente desanimadoras.

C. Virtudes humanitárias

São atos de generosidade, bondade ou benevolência, reconhecidos e valorizados, como cuidar e oferecer amizade e carinho aos outros. Humanidade e justiça envolvem a melhoria do bem-estar coletivo. Humanidade é a preocupação com os outros, enquanto justiça se apoia na imparcialidade. Humanidade é entendida como "qualquer ato, feito ou padrão de comportamento socialmente construtivo, que de alguma forma beneficia outra pessoa ou grupo" (Corsini, 2002). São três as forças de caráter da humanidade.

10. *Amor, apego, capacidade de amar e ser amado*

Disposição para manter relacionamentos importantes e valiosos com as pessoas, nos quais prevalecem o afeto e o cuidado mútuos – sentir-se próximo e ligado a outros. Representa uma postura cognitiva, comportamental e emocional. Inclui o amor romântico, a amizade, o amor entre pais e filhos, as relações de aconselhamento e os vínculos emocionais entre membros de equipes, colegas de trabalho, etc.

O amor é sinalizado pela troca de ajuda, consolo e aceitação, e envolve sentimentos positivos fortes, compromissos e até mesmo sacrifícios.

11. Compaixão, bondade, generosidade

Traduz-se em ajuda, desenvolvimento de boas ações, apoio e cuidado com os outros, além de generosidade, atenção, empatia, altruísmo e delicadeza. É a tendência de ser bom, misericordioso, interessado no bem-estar, de fazer favores, praticar boas ações e cuidar dos outros sem nenhuma razão utilitária, mas por vontade própria.

12. Inteligência emocional, pessoal e social

É ter empatia, perceber as emoções e os sentimentos próprios e alheios, saber como se comportar em diferentes situações sociais, ciente de que as coisas são importantes para as outras pessoas. Inclui habilidade e capacidade de entender e administrar emoções, avaliando sentimentos, desempenhos e motivos, e de agir adequadamente em relacionamentos, identificando o conteúdo emocional em expressões e gestos dos outros para facilitar as interações.

D. Virtudes de justiça

São as forças da vida cívica em uma comunidade saudável que tornam a existência justa, associada às noções de equidade e imparcialidade. O respeito às leis garante a imparcialidade, a justiça (*fairness*), a liderança, a cidadania e o trabalho em equipe. Resumidas a seguir, as forças de caráter da justiça são interpessoais e relevantes para o convívio do indivíduo com o grupo ou a comunidade.

13. Cidadania, civilidade, lealdade, trabalho em equipe

É ter responsabilidade social, trabalhar e conviver bem com as pessoas, respeitando-as e sendo fiel, sentindo-se parte do grupo. Implica identificação e comprometimento com o bem comum, que vai além do interesse pessoal, e um sentido de dever com o grupo, que se demonstra ao assumir responsabilidades, por acreditar que esta é a maneira correta de agir de um membro de uma equipe, de uma comunidade ou até de toda a espécie humana.

14. Sentido de justiça, igualdade, equidade

É tratar todos como iguais, de acordo com as noções de equidade e justiça (*fairness*), sem deixar que sentimentos pessoais influenciem as decisões, dando a todos as mesmas oportunidades. Justiça é produto do julgamento moral, ou seja, um processo pelo qual as pessoas determinam o que é moralmente certo, errado e condenável.

15. Liderança

É a capacidade de coordenar e encorajar as atividades de um grupo, além de criar e desenvolver boas relações entre seus membros. Inclui uma gama de atributos cognitivos e de temperamento para orientar, influenciar e ajudar os outros, bem como para dirigir e motivar suas ações rumo ao sucesso coletivo. É a busca e o desempenho de papéis de comando em sistemas sociais de forma bem-sucedida.

E. Temperança, moderação

São forças que protegem contra os excessos. Traduz-se pela habilidade de controlar emoções, motivações e comportamentos, além de relacionar-se ao controle e à moderação dos impulsos indesejáveis, assim como ao autocontrole e à capacidade de fazer o certo e evitar o errado.

16. Perdão e misericórdia

Capacidade de perdoar quem comete erros e ofensas, dando uma segunda chance, sem ser vingativo ou rancoroso. Ter comportamento mais positivo, benevolente, bondoso, generoso e menos negativo ou evasivo. Demonstrar misericórdia, o que envolve bondade, compaixão e indulgência em relação ao outro.

17. Modéstia, humildade

Implica não falar demais de si próprio nem se autoelogiar, procurar ser o centro das atenções ou acreditar que se é melhor do que outros. Reconhecer erros e imperfeições. Não atribuir crédito ou mérito exagerado às próprias realizações, mas sentir-se afortunado por algo de bom que aconteceu. Ser modesto e discreto (comportamento, postura, roupas, carros, etc.).

18. Prudência, discrição, cautela

É ser cauteloso ao tomar decisões, para não correr riscos indevidos nem dizer ou fazer qualquer coisa da qual possa se arrepender. É a capacidade de avaliar as consequências das ações, com uma orientação para o futuro, a fim de atingir objetivos de forma efetiva, sem sacrificar as metas de longo prazo em troca de prazeres no curto prazo.

19. Autocontrole, autorregulação

É ser capaz de controlar os próprios sentimentos e ações, tendo disciplina e domínio sobre impulsos e emoções para atingir objetivos e viver à altura de padrões morais, de desempenho, bem como de ideais, normas e expectativas sociais. Implica manter a autodisciplina, forçando-se a realizar algo mesmo quando tentado a fazer o contrário.

F. Transcendência

Força que forja vínculos com a imensidão do universo e dá sentido à vida, estabelecendo uma conexão com algo mais alto. Crença de que há um sentido ou propósito maior, superior, que inspira esperança, reverência, gratidão ou qualquer coisa que faça com que as preocupações diárias pareçam insignificantes e o "eu", pequeno.

20. Apreciação de beleza e excelência da maravilha

É perceber e apreciar a beleza das coisas, do dia a dia, e ter interesse em aspectos da vida, tais como natureza, arte, ciência, etc. É a experiência emocional da reverência, com assombro e admiração quando diante da beleza ou da excelência, e a habilidade de encontrar, reconhecer e ter prazer na existência do que há de bom no mundo físico (ambiente) e social (talento e virtude nos outros). É a virtude da transcendência, porque permite a conexão com algo maior que si mesmo, podendo ser a arte ou a música, o desempenho extraordinário de um atleta, a majestade da natureza ou o brilho moral de outras pessoas.

21. Gratidão

Capacidade de reconhecer e agradecer as coisas boas que acontecem. É saber dizer obrigado e ter a sensação de apreciação, identificação de valor, agradecimento e alegria em resposta ao recebimento de um presente, de algum proveito, ou por um momento especial proporcionado por alguém. É perceber e ser grato pelo benefício conseguido devido às ações de outra pessoa.

22. Otimismo e esperança

É esperar o melhor para o futuro e trabalhar para conseguir realizá-lo. Significa ter orientação, além de uma postura cognitiva, emocional e motivacional, em direção ao futuro, acreditando que os eventos e resultados desejados serão realidade, e agir de forma a torná-los mais prováveis, sentindo confiança de que isso acontecerá.

23. Senso de humor, jovialidade

É ver sempre o lado bom da vida, reconhecendo o divertido, tendo prazer e criando o inesperado e a incongruência. É ter uma visão alegre das adversidades e, com isso, sustentar o bom humor, com a habilidade de fazer os outros sorrirem.

24. Espiritualidade

Inclui religiosidade, fé e propósito. É acreditar que há um propósito, ou significado universal em coisas que acontecem no mundo e que há algo maior que a existência. Espiritualidade e religiosidade estão ligadas ao interesse por valores morais e à busca do bem.

Otimismo e liderança

Otimismo é a disposição de encarar as coisas pelo lado positivo e acreditar sempre em um desfecho favorável, mesmo em situações difíceis. É o oposto de pessimismo, definido como a tendência de ver e julgar as coisas pelo lado mais desfavorável, esperando pelo pior.

O termo é originalmente atribuído ao filósofo Gottfried Wilhelm Leibniz, que, no século XVII, estabeleceu que a divina inteligência escolhera entre os diversos mundos possíveis, o que associava o máximo de bem e o mínimo de mal, criando o melhor dos mundos. Essa doutrina filosófica, inclinada para a esperança, indica que tudo ocorre do melhor modo possível, que tudo vai bem, em oposição ao pessimismo.

A doutrina de Leibniz foi contestada pelo filósofo iluminista francês Voltaire no século XVIII, em sua obra satírica *Cândido ou o otimismo*. Na verdade, Voltaire criticou não apenas o otimismo, mas a religião, os teólogos, os governos, o exército, as filosofias e os filósofos. Posteriormente, no início do século XIX, o filósofo inglês William Godwin, da doutrina utilitarista, retomou a tese de Leibniz e foi mais longe, ao imaginar que a sociedade chegaria ao estágio em que a razão e o otimismo substituiriam o uso da força e da violência, a mente controlaria a matéria e a inteligência descobriria o segredo da felicidade e da imortalidade (conceito de moral eudemonista). Filosoficamente, uma frase resume a doutrina utilitarista: agir sempre de forma a produzir a maior quantidade de bem-estar (princípio do bem-estar máximo).

A psicologia associa otimismo a autoestima elevada, bem-estar mental e boa saúde física, relacionando-o ao bom funcionamento do sistema imunológico e à maior resistência ao estresse. O pessimismo, como antinomia à pessoa mentalmente saudável, é a cognição dominante do deprimido. Apesar de o otimismo e o pessimismo serem vistos como opostos, em termos psicológicos podem não funcionar dessa maneira: ter muito otimismo não significa ter pouco pessimismo, e vice-versa.

Do ponto de vista da evolução social, pode-se imaginar que o pessimismo foi muito importante para a sobrevivência genética do ser humano. Por ser assustado, atento ao pior que pode acontecer e sempre disposto a fugir ao primeiro sinal de perigo, o pessimista foi provavelmente aquele que conseguiu sobreviver. Os mais afoitos podem ter sido comidos pelos leões. Hoje, o pessimismo não representa mais a mesma função, mas continuamos prestando muito mais atenção aos riscos e sinais de perigo. Esse posicionamento explica muita coisa, como, por exemplo, por que notícias alarmistas e pessimistas vendem mais jornal ou por que somos atraídos por críticas e fofocas, por notícias que nos assustam, por crimes, incêndios, acidentes de estrada, etc. É puro instinto de sobrevivência.

Avaliação do grau de otimismo

Martin Seligman criou um teste simples para avaliar o grau de otimismo e persistência, com base na maneira como cada pessoa encara e explica fatos e situações da vida cotidiana.

Teste para fazer uma avaliação do grau de otimismo

As instruções

Há 48 perguntas neste teste de avaliação. Leve o tempo que for necessário para responder a cada uma. Em média, demora cerca de 15 minutos para ser feito. Não existem respostas certas ou erradas. Não leia a análise em "otimismo aprendido" antes de ter completado o teste.

Leia com atenção a descrição de cada situação, imaginando que estejam ocorrendo com você. Não tem importância se você não as vivenciou, mas procure imaginar sua reação em cada uma delas. Caso nenhuma das alternativas se encaixe completamente como sua opção, também não importa. Vá em frente e escolha uma das duas respostas, sempre aquela que parecer aplicar-se a você com mais facilidade.

Mesmo que não goste do jeito como algumas das respostas soam para você, não tente escolher a que lhe pareça ser aquilo que deve dizer, ou o que pareça certo para si e para outras pessoas. Escolha a alternativa que seja sua reação mais provável.

As perguntas

1. O projeto sob sua responsabilidade teve um grande sucesso. **PsB**

    A. Eu controlei de perto o trabalho de todos. 1

    B. Todos dedicaram muito tempo e energia para isso. 0

2. Você e seu cônjuge (ou namorado/namorada) fazem as pazes depois de uma briga. **PmB**

    A. Eu perdoei. 0

    B. Normalmente eu perdoo. 1

3. Você se perde dirigindo para casa de um amigo. **PsM**
   A. Eu errei o caminho. 1
   B. Meu amigo não me deu boas indicações. 0

4. Seu cônjuge (ou namorado/namorada) o surpreende com um presente. **PsB**
   A. Ele/ela deve ter tido um aumento de salário. 0
   B. Eu o/a levei para um jantar especial na noite anterior. 1

5. Você se esqueceu do aniversário de seu cônjuge (namorada/namorado). **PmM**
   A. Eu não sou bom para lembrar datas de aniversário. 1
   B. Eu estava preocupado com outras coisas. 0

6. Você recebeu uma flor de um admirador secreto. **AbB**
   A. Ele/ela me acha uma pessoa atraente. 0
   B. Eu sou uma pessoa popular. 1

7. Você concorre a um cargo eletivo na comunidade e ganha. **AbB**
   A. Eu devotei muito tempo e energia na campanha. 0
   B. Eu sempre me dedico muito em tudo o que faço. 1

8. Você perde um compromisso importante. **AbM**
   A. Às vezes, minha memória falha. 1
   B. Eu às vezes me esqueço de verificar minha agenda. 0

9. Você concorre para um cargo eletivo na comunidade e perde. **PsM**
   A. Eu não fiz uma boa campanha. 1
   B. A pessoa que ganhou era mais conhecida que eu. 0

10. Você recebeu pessoas em um jantar que foi muito bem-sucedido. **PmB**
    A. Eu estava particularmente encantador(a) naquela noite. 0
    B. Eu normalmente sou um bom anfitrião. 1

11. Você impediu um crime, chamando a polícia. **PsB**
    A. Um barulho estranho chamou minha atenção. 0
    B. Eu estava alerta naquele dia. 1

12. Você foi extremamente saudável o ano todo. **PsB**

    A. Poucas pessoas ao meu redor ficaram doentes, então eu não fiquei exposto(a). 0

    B. Eu fiz questão de comer bem e descansar bastante. 1

13. Você deve dinheiro à locadora (biblioteca) por que devolveu um filme (livro) com atraso. **PmM**

    A. Quando estou muito interessado no filme (livro), às vezes me esqueço da data da devolução. 1

    B. Eu estava tão envolvido fazendo um relatório que me esqueci de devolver o filme (livro). 0

14. Suas aplicações em ações fizeram você ganhar um monte de dinheiro. **PmB**

    A. O meu corretor (gerente da conta) decidiu aplicar em algo novo. 0

    B. O meu corretor (gerente da conta) é um investidor de primeira linha. 1

15. Você ganhou uma competição esportiva. **PmB**

    A. Eu estava me sentindo muito bem, imbatível. 0

    B. Eu treino muito. 1

16. Você foi reprovado em um teste importante. **AbM**

    A. Eu não era tão bom como as outras pessoas que fizeram a prova. 0

    B. Eu não me preparei muito bem. 1

17. Você preparou uma refeição especial para um amigo(a) e ele/ela mal tocou na comida. **AbM**

    A. Eu não sou muito bom (boa) na cozinha. 1

    B. Eu preparei a comida às pressas. 0

18. Você foi derrotado em uma competição esportiva para a qual treinou por muito tempo. **AbM**

    A. Eu não sou muito bom (boa) atleta. 1

    B. Eu não sou bom (boa) nesse tipo de prova esportiva. 0

19. Acabou a gasolina de seu carro em uma rua escura, à noite. **PsM**
    A. Eu não verifiquei quanto tinha de gasolina no tanque. 1
    B. O marcador de gasolina deve estar quebrado. 0

20. Você perdeu a paciência com um amigo(a). **PmM**
    A. Ele/ela está sempre me importunando. 1
    B. Ele/ela estava muito agressivo(a). 0

21. Você foi multado por não ter entregado o Imposto de Renda na data certa. **PmM**
    A. Sempre deixo para fazer o meu Imposto de Renda de última hora. 1
    B. Fiquei com muita preguiça de fazer o Imposto de Renda deste ano. 0

22. Você convida uma pessoa para um encontro, mas ele/ela não aceita. **AbM**
    A. Eu estava péssimo(a) naquele dia. 1
    B. Eu fiquei confuso(a) na hora de fazer o convite para o encontro. 0

23. Um apresentador de programa de auditório escolheu você na plateia para participar do show. **PsB**
    A. Eu estava sentado no lugar certo. 0
    B. Eu parecia ser um dos mais entusiasmados(as). 1

24. Na festa você foi muito chamado(a) para dançar. **PmB**
    A. Sou muito extrovertido(a) em festas. 1
    B. Eu estava muito bem naquela noite. 0

25. Você comprou um presente para seu cônjuge (ou namorado/a), mas ele/ela não gostou. **PsM**
    A. Eu não penso muito para escolher coisas desse tipo. 1
    B. Ele/ela tem um gosto muito estranho. 0

26. Você se saiu excepcionalmente bem em uma entrevista de emprego. **PmB**
    A. Eu me senti muito confiante durante a entrevista. 0
    B. Eu me saio bem em entrevistas. 1

27. Você contou uma piada e todo mundo riu. **PsB**

   A. A piada era engraçada. 0
   B. Eu contei muito bem a piada. 1

28. Seu chefe lhe deu pouco tempo para terminar um projeto, mas você conseguiu terminá-lo. **AbB**

   A. Eu sou bom no meu trabalho. 0
   B. Eu sou uma pessoa eficiente. 1

29. Você está se sentindo esgotado ultimamente. **PmM**

   A. Eu nunca tenho chance de relaxar. 1
   B. Eu estava extremamente ocupado nesta semana. 0

30. Você convida alguém para dançar, mas ele/ela não aceita. **PsM**

   A. Eu não sou bom dançarino(a). 1
   B. Ele/ela não gosta de dançar. 0

31. Você salvou uma pessoa de morrer sufocada. **AbB**

   A. Eu conheço a técnica para impedir que alguém se sufoque. 0
   B. Eu sei o que fazer em situações de crise. 1

32. Seu parceiro amoroso pediu um tempo para pensar. **AbM**

   A. Eu sou muito autocentrado(a). 1
   B. Eu não dedico muito tempo para ele/ela. 0

33. Um(a) amigo(a) diz algo que fere seus sentimentos. **PmM**

   A. Ele/ela sempre diz as coisas sem pensar nos outros. 1
   B. Ele/ela estava de mau humor e descontou em mim. 0

34. Seu patrão pede sua opinião sobre um assunto. **AbB**

   A. Eu sou um especialista na área sobre a qual fui consultado. 0
   B. Eu sou bom para dar conselhos úteis. 1

35. Alguém próximo lhe agradece por você tê-lo ajudado a superar um mau momento. **AbB**

   A. Gosto de ajudar as pessoas nos momentos difíceis. 0
   B. Eu me importo com as pessoas. 1

36. Você passou um tempo maravilhoso em uma festa. **PsB**
    A. Todo mundo foi muito simpático. 0
    B. Eu fui muito agradável. 1

37. Seu médico lhe diz que você está em boa forma física. **AbB**
    A. Eu faço exercícios com frequência. 0
    B. Sou muito preocupado com a saúde. 1

38. Seu cônjuge (ou namorado/namorada) convida você para um fim de semana romântico. **PmB**
    A. Ele/ela precisava descansar um pouco. 0
    B. Ele/ela gosta de conhecer novos lugares. 1

39. Seu médico lhe diz que você come muito açúcar. **PsM**
    A. Eu não presto muita atenção na minha dieta. 1
    B. É difícil evitar o açúcar, porque faz parte de toda comida ou bebida. 0

40. Você é convidado para chefiar um projeto importante. **PmB**
    A. Eu acabei de chefiar com sucesso um projeto semelhante. 0
    B. Eu sou bom gestor de projeto. 1

41. Você e seu cônjuge (ou namorado/namorada) têm brigado muito. **PsM**
    A. Tenho me sentido pressionado e irritado ultimamente. 1
    B. Ele/ela tem sido muito hostil ultimamente. 0

42. Você cai muito quando vai andar de patins. **PmM**
    A. Patinar é difícil. 1
    B. As pistas são ruins. 0

43. Você ganhou um prêmio importante. **AbB**
    A. Eu resolvi um problema importante. 0
    B. Eu era o melhor empregado. 1

44. Suas ações estão em uma queda sem precedentes. **AbM**
    A. Eu não conhecia muito a tendência dos negócios na época. 1
    B. Eu fiz uma má escolha de ações. 0

45. Você ganhou na loteria. **PsB**

   A. Foi puro acaso. 0
   B. Escolhi os números certos. 1

46. Você ganhou peso durante as férias e agora não consegue perder. **PmM**

   A. Dietas não funcionam a longo prazo. 0
   B. A dieta que eu tentei não funcionou. 1

47. Você está no hospital e poucas pessoas vêm visitá-lo. **PsM**

   A. Eu fico irritado quando estou doente. 1
   B. Meus amigos não dão importância para essas coisas. 0

48. O seu cartão de crédito é rejeitado em uma loja. **AbM**

   A. Às vezes, superestimo quanto dinheiro eu tenho. 1
   B. Às vezes, me esqueço de pagar a conta do cartão de crédito. 0

A análise

A análise a seguir usa as regras definidas no texto do livro *Aprenda a ser otimista*, de Martin Seligman, no qual a pontuação é relacionada depois de cada categoria, juntamente com a avaliação do autor para a pontuação obtida pelo indivíduo que estiver fazendo a avaliação.

Apuração dos resultados

- **Permanência:** some as respostas das questões marcadas com **PmM** e **PmB** (0 ou 1) e anote a seguir.
   - Pontuação de permanência má: **PmM** = _____
   - Pontuação de permanência boa: **PmB** = _____

- **Abrangência:** some as respostas das questões marcadas com **AbM** e **AbB** (0 ou 1) e anote a seguir.
   - Pontuação de abrangência má: **AbM** = _____
   - Pontuação de abrangência boa: **AbB** = _____

- **Personalização:** some as respostas das questões marcadas com **PsM** e **PsB** (0 ou 1) e anote a seguir.
    - Pontuação de personalização má: **PsM** = _____
    - Pontuação de personalização boa: **PsB** = _____

Coisas da esperança: EsM = AbM + PmM = _____
Total pontuação má: M = PsM + AbM + PmM = _____
Total pontuação boa: B = PsB + AbB + PmB = _____
Pontuação boa menos má: B − M = _____

Avaliação dos resultados

Permanência (permanente x passageiro)

1. **PmM** = Situações negativas permanentes → Pessimistas ← Situações boas passageiras

    Situações negativas passageiras → Otimistas ← Situações boas permanentes

    PmM = _____

    Se **PmM** tiver totalizado:
    - 0 ou 1 – você é muito otimista.
    - 2 ou 3 – você é moderadamente otimista.
    - 4 – médio, você não é otimista nem pessimista.
    - 5 ou 6 – você é muito pessimista.
    - 7 ou 8 – você é pessimista demais.

2. **PmB** = Situações boas permanentes → Otimistas ← Situações negativas passageiras

    Situações negativas permanentes → Pessimistas ← Situações boas passageiras

    PmB = _____

    Se **PmB** tiver totalizado:
    - 7 ou 8 – você é muito otimista.
    - 6 – você é moderadamente otimista.
    - 4 ou 5 – médio, você não é otimista nem pessimista.

- 3 – você é moderadamente pessimista.
- 0 ou 1 ou 2 – você é muito pessimista.

Abrangência (específico x universal)

1. **AbM** = Situações negativas universais → Pessimistas ← Situações boas específicas
   Situações boas universais → Otimistas ← Situações negativas específicas

   AbM = _____

   Se **AbM** tiver totalizado:
   - 0 ou 1 – você é muito otimista.
   - 2 ou 3 – você é moderadamente otimista.
   - 4 – médio, você não é otimista nem pessimista.
   - 5 ou 6 – você é moderadamente pessimista.
   - 7 ou 8 – você é muito pessimista.

2. **AbB** = Situações boas universais → Otimistas ← Situações negativas específicas
   Situações negativas universais → **Pessimistas** ← Situações boas específicas

   AbB = _____

   Se **AbB** tiver totalizado:
   - 7 ou 8 – você é muito otimista.
   - 6 – você é moderadamente otimista.
   - 4 ou 5 – médio, você não é nem otimista nem pessimista.
   - 3 – você é moderadamente pessimista.
   - 0 ou 1 ou 2 – você é muito pessimista.

Personalização (causas internas x causas externas)

1. **PsM** = Situações negativas internas → Pessimistas ← Situações boas externas
   Situações boas internas → **Otimistas** ← Situações negativas externas

   PsM = _____

   Se **PsM** tiver totalizado:
   - 0 ou 1 – você é muito otimista.
   - 2 ou 3 – você é moderadamente otimista.

- 4 – médio, você não é, nem otimista nem pessimista.
- 5 ou 6 – você é muito pessimista.
- 7 ou 8 – você é pessimista demais.

2. **PsB** = Situações boas internas → **Otimistas** ← Situações negativas externas
   Situações negativas internas → **Pessimistas** ← Situações boas externas

   PsB = _____

   Se **PsB** tiver totalizado:

   - 7 ou 8 – você é muito otimista.
   - 6 – você é moderadamente otimista.
   - 4 ou 5 – médio, você não é otimista nem pessimista.
   - 3 – você é moderadamente pessimista.
   - 0 ou 1 ou 2 – você é muito pessimista.

Coisas da esperança: EsM = AbM + PmM = _____

Se **EsM** tiver totalizado:

- 0 ou 1 ou 2 – você é extraordinariamente cheio de esperança.
- Entre 3 e 6 – você é moderadamente cheio de esperança.
- 7 ou 8 – médio, você não é cheio de esperança nem sem esperança.
- Entre 9 e 11 – você é moderadamente sem esperança.
- Entre 12 e 16 – você é extremamente sem esperança.

▶ **Total pontuação má: M = PsM + AbM + PmM =** _____

Se **M** tiver totalizado:

- Entre 3 e 5 – você é muito otimista.
- Entre 6 e 9 – você é moderadamente otimista.
- Entre 10 e 11 – você é médio, nem pessimista nem otimista.
- Entre 12 e 14 – você é moderadamente pessimista.
- Acima de 14 – você é exageradamente pessimista.

▶ **Total pontuação boa: B = PsB + AbB + PmB =** _____

    Se **B** tiver totalizado:

- 20 ou mais – você é extremamente otimista.
- Entre 17 e 19 – você é moderadamente otimista.
- Entre 14 e 16 – você é médio, nem pessimista nem otimista.
- Entre 11 e 13 – você é muito pessimista.
- Igual ou abaixo de 10 – você é exageradamente pessimista.

▶ **Pontuação boa menos má: B – M =** _____

    Se **B – M** ficar:

- Acima de 8 – você é muito otimista.
- Entre 6 e 8 – você é moderadamente otimista.
- Entre 3 e 5 – você é médio, nem pessimista nem otimista.
- Entre 1 e 2 – você é moderadamente pessimista.
- Igual ou abaixo de 0 – você é exageradamente pessimista.

Otimismo e saúde

Pesquisa realizada com um grupo de freiras idosas, com base em seus diários, revelou que aquelas que tinham uma perspectiva positiva da vida entre os 20 e 30 anos viveram até uma década a mais do que as demais, caracterizadas por uma visão pessimista. Estudo do National Cancer Institute com mulheres com câncer de mama, observadas durante cinco anos, constatou que aquelas que reagiram à doença com otimismo e energia não tiveram recaída, enquanto as que apresentaram abatimento e pessimismo sofreram recaída ou morreram. Em outra pesquisa, realizada com pessoas que redigiram um diário todas as noites durante seis meses, registrando coisas que haviam dado certo naquele dia, o resultado mostrou que o desempenho delas em avaliações de felicidade, otimismo e saúde física foi melhor do que aquelas que não escreveram.

De acordo com um estudo recente, conduzido por Segerstrom S (2010), da Universidade de Kentucky, as pessoas que são otimistas em relação à saúde em geral respondem melhor a tratamentos médicos, pois expectativas positivas quanto ao futuro podem fortalecer o sistema imunológico. Em outro estudo, foi constatado que, no caso de transplantes cardíacos, pacientes com perspectivas positivas em relação ao resultado da operação, em geral se recuperam melhor da cirurgia. O Instituto Delfland de Saúde Mental, da Holanda, que realizou pesquisa envolvendo 545 homens, constatou que a probabilidade de os mais otimistas morrerem de doença cardiovasculares cai pela metade.

Otimismo e sucesso profissional

Otimismo e liderança

As pessoas escolhem os otimistas para serem seus líderes. Pessimistas são menos admirados e apreciados. Pessimistas inspiram menos confiança – quanto mais ruminam e reclamam dos fatos e da vida mais exibem desamparo. Pessoas querem um líder que lhes dê a impressão de que vão resolver os problemas, e não reclamar deles.

Martin Seligman e Harold Zullow pesquisaram os resultados das eleições norte-americanas desde o pleito de 1900. Por meio da ferramenta desenvolvida por ambos, a CAVE (Content Analysis of Verbatim Explanations), analisaram textos e entrevistas de cada um dos candidatos. Eles avaliaram os discursos de nomeação, definindo o grau de otimismo e "ruminação" (processo abordado no Capítulo 10) de todos, e confirmaram os resultados por análises equivalentes com as entrevistas publicadas de cada um deles. A conclusão foi clara e definitiva: os muito mais otimistas e menos "ruminadores" derrotaram seus adversários por esmagadora margem de votos. Raras exceções ocorreram, como no caso de Franklin Delano Roosevelt – eleito em 1932 e reeleito para mais três mandatos consecutivos –, que venceu os rivais, mesmo não sendo mais otimista do que eles. Essa inversão teve como causa mais provável o fato de haver ocorrido em um período de grave crise e de guerra – foram reeleições e, portanto, não era o momento de mudança.

CAPÍTULO 10

DESENVOLVENDO O OTIMISMO E O BEM-ESTAR: A TERAPIA COGNITIVA

Para estimular a busca do bem-estar, do otimismo, da felicidade e das forças e virtudes do caráter, Martin Seligman desenvolveu uma terapia essencialmente cognitiva, relevante para processos psicológicos na depressão.

Quem criou a terapia cognitiva foi Aaron Beck. Inicialmente, ele propôs o modelo cognitivo de depressão que, depois, resultou em um novo sistema de psicoterapia, chamado terapia cognitiva. Com base em suas observações, Beck concluiu que a negatividade expressa pelos pacientes não era um sintoma, mas a causa da instalação e manutenção da depressão. Indivíduos depressivos distorcem sistematicamente a percepção da realidade, aplicando um viés altamente negativo. Beck aponta a cognição, e não a emoção, como o fator essencial na depressão, conceituando-a como um transtorno de pensamento, em vez de um efeito emocional.

A base da terapia cognitiva está na reestruturação dos pensamentos automáticos negativos e crenças disfuncionais, profundamente associados à maneira de ser do indivíduo. Os pensamentos interferem nas emoções e no comportamento. A depressão resulta dessa forma permanente de "ruminar" os próprios problemas, perdas e fracassos, ampliando, imaginando, avaliando e remoendo tudo. Esse processo – identificado em psicologia como "ruminação" – leva ao questionamento sistemático dessas convicções sobre si mesmo, sobre o mundo e o futuro. Para conseguir criar uma nova perspectiva e visão, o modelo terapêutico é realizado em cinco fases. Primeiro, a pessoa aprende a reconhecer seus pensamentos automáticos negativos e, depois, a contestar suas convicções. Em seguida, deve buscar explicações diferentes e fazer reavaliações sobre os pensamentos e crenças. Posteriormente, terá de afastar os pensamentos depressivos e, finalmente, aprenderá a reconhecer e a evitar as suposições que levam ao desamparo e à depressão.

Com base nessa abordagem psicoterápica, Seligman sugeriu um processo de mudança do pensamento pessimista para o otimista, após desenvolver estudos sobre depressão e, a partir de pesquisas com animais, definir o conceito de desamparo aprendido. Ele comprovou que, em uma situação desagradável (ruído, choque, etc.), da qual não conseguiam se safar nem tinham controle, os animais tornavam-se apáticos – sem nenhuma reação – e não buscavam mais a fuga. Esse estado de apatia e aceitação foi definido como o desamparo aprendido e, posteriormente, comprovado que se aplica de forma equivalente aos seres humanos. A teoria do desamparo aprendido, que teve enorme repercussão, passou a ser objeto de inúmeras pesquisas para explicar por que algumas pessoas perseveram mais do que outras ou se recuperam mais facilmente de uma adversidade.

Martin Seligman e John Teasdale concluíram que as pessoas têm um "estilo explicativo" (que pode ser pessimista ou otimista): a maneira como explicam a si mesmas e aceitam ou não as situações desagradáveis ou os erros que lhes acontecem é responsável pelo grau maior ou menor de suscetibilidade e desamparo. Os estudos de Seligman comprovam que as pessoas com estilo explicativo mais pessimista apresentam tendência a desenvolver um quadro de depressão e persistem menos diante de problemas e dificuldades. Por outro lado, indivíduos com estilo explicativo mais otimista encaram as adversidades como passageiras, o que faz com que insistam e tentem sobrepujar os problemas e obstáculos. Pesquisas mostram que um estilo explicativo pode ser modificado e, como já foi dito, o otimismo pode ser aprendido e desenvolvido.

Estilo explicativo

É a maneira como as pessoas explicam e justificam a si mesmas como e por que as coisas lhes acontecem – seus sucessos e fracassos. Ao contrário da opinião estabelecida no behaviorismo sobre o "reforço contínuo" e a "extinção de reforço parcial", o que realmente importa para a continuidade e a persistência dos esforços é o pensamento de cada pessoa sobre as causas dos êxitos e fracassos. A experiência clássica demonstrava o seguinte: se você sempre dá uma bolinha de comida quando um ratinho pressiona uma alavanca (reforço contínuo), ele vai aprender a buscar alimento apertando a alavanca. Mas se você cessa de alimentá-lo (extinção) quando ele empurra a alavanca, o ratinho tentará mais três ou quatro vezes e, então, desistirá. Caso você dê a bolinha de alimento apenas a cada cinco ou dez tentativas em que houver pressão na alavanca (reforço parcial) e só então iniciar a extinção, o ratinho ainda tentará por mais cem vezes antes de desistir. Esse princípio nunca funcionou muito bem em experiências com seres humanos, porque algumas pessoas desistiam rapidamente e outras insistiam indefinidamente.

Bernard Weiner, no final dos anos 1960, criou a chamada "teoria da atribuição", que propõe que o que, de fato, determina a continuidade dos esforços é o que as pessoas pensam sobre quais são as causas de seus fracassos ou sucessos. Segundo Weiner, indivíduos que acreditavam que a extinção era permanente desistiam, mas aqueles que achavam que seria uma situação provisória insistiam e continuavam, mantendo a expectativa de que algo poderia modificar-se e voltariam a receber o reforço como recompensa. O comportamento é controlado não apenas pela "relação de reforço", mas principalmente pelo "estado mental", pelas explicações habituais, cognitivas conscientes, que as pessoas "dão" a si mesmas sobre a maneira como o "ambiente" programa e retribui seus esforços.

Cada pessoa desenvolve um "estilo" de explicação, de ver as causas e de esperar pelos resultados. Esse estilo contém três dimensões de explicação: permanência, personalização e abrangência.

Permanência

É a relação do estilo com o tempo. Quando acontecem problemas ou eventos desagradáveis, podemos achar que as causas sempre ocorrerão (são permanentes) ou que aconteceram apenas naquele momento ou circunstância (são temporárias).

Quem pensa nos maus momentos como permanentes, em termos de "sempre" e "nunca", do tipo "eu sempre esqueço as datas de..." ou "meu chefe me odeia...", tem um estilo mais pessimista. Quem vê os maus momentos como temporários, aceitando que os reveses ocorrem "às vezes" ou "neste momento", do tipo "às vezes esqueço a data quando..." ou "meu chefe briga comigo quando...", tem um estilo mais otimista.

Por outro lado, indivíduos que acreditam que os bons acontecimentos e sucessos têm causas permanentes, do tipo "sempre dou sorte..." ou "tenho competência, sei fazer...", apresentam estilo mais otimista. Quem acha que há razões temporárias, transitórias, para explicar os bons acontecimentos e sucessos, do tipo "foi meu dia de sorte...." ou "meu adversário era fraco...", tem estilo mais pessimista.

As pessoas que desistem facilmente e se sentem desamparadas são aquelas que acreditam que existem causas permanentes para os maus acontecimentos de suas vidas e que haverá problemas em tudo o que tentem fazer. As que não se entregam e resistem ao desamparo são as que acham que as causas do infortúnio são passageiras.

Abrangência

É a relação do estilo com o espaço. Quando acontecem problemas ou eventos desagradáveis, podemos achar que as causas são universais, que ocorrem em todos os setores e momentos, ou que são específicas e circunscritas a áreas e assuntos determinados.

O estilo mais pessimista é característico de pessoas que acreditam que as causas dos insucessos e maus momentos são gerais e universais, que ocorrem em todas as áreas e atividades, adotando pensamentos do tipo "todos os chefes são prepotentes..." ou "ninguém gosta de mim...". Já as pessoas com estilo mais otimista pensam que as causas dos insucessos e maus momentos são específicas e circunscritas a uma determinada área ou atividade, do tipo "meu chefe é prepotente..." ou "aquela pessoa não gosta de meu jeito...".

Aqueles que acreditam que os bons acontecimentos e sucessos têm causas gerais, universais, e que lhes favorecerão em todos os aspectos da vida – do tipo "sou inteligente e consigo aprender qualquer coisa..." ou "sou simpático e me dou bem em qualquer situação..." – também apresentam estilo mais otimista.

Quem acha que a razão do sucesso e dos bons momentos é específica e restrita a um assunto ou área – do tipo "sou bom em matemática por isso..." e "entre amigos sou simpático..." – tem estilo mais pessimista.

Personalização

É a relação do estilo com causas internas ou externas. Quando acontecem problemas ou eventos desagradáveis, podemos nos responsabilizar (internalizar) ou responsabilizar outras pessoas ou razões (externalizar).

As pessoas que se acham a causa de tudo de ruim que lhes acontece têm baixa autoestima e acreditam que são culpadas pelos erros e reveses, pensando assim: "sou burro", "sou inseguro", "não sou bom jogador". Também se julgam sem valor, sem talento e têm estilo mais pessimista.

Indivíduos que põem a responsabilidade em causas externas, não pessoais, do tipo "não tenho sorte em jogo..." ou "tive uma infância pobre....", não perdem a autoestima, apresentam mais autoconfiança e têm estilo mais otimista.

É importante ressaltar que uma postura mais otimista, buscando causas externas, temporárias e localizadas, não é uma forma de fugir das consequências de seus atos – você precisa assumir a responsabilidade por seus erros e atitudes indevidas, mas não precisa se culpar pelas causas. O objetivo, porém, é evitar novas ocorrências erradas, conseguir mudanças e correções. Uma causa vista como pessoal, interna e permanente, do tipo "sou e sempre serei burro" ou "sou e sempre serei feio e inadequado", não permite que se crie motivação, em princípio, para haver mudanças. Essa atitude pessimista leva à permanência no erro e na inadequação.

Quem não desiste nunca? Avaliando o otimismo

Pessoas que desistem facilmente diante de erros ou dificuldades são mais pessimistas. Elas acreditam que são culpadas por tudo que lhes acontece de ruim, acham que essa situação desagradável vai durar a vida toda e que sempre atrapalhará qualquer coisa que tentem fazer.

Por outro lado, os persistentes são otimistas. Eles acham que cometeram erros por circunstâncias específicas externas, e que essas causas do fracasso vão passar e, no futuro, tudo dará certo.

Com base nos estilos explicativos, Seligman criou o questionário de 48 perguntas, apresentado anteriormente, para a avaliação do grau de otimismo e ruminação das pessoas, simulando situações usuais com duas alternativas de resposta. O resultado é uma avaliação perfeita do estilo explicativo como um todo, destacando cada uma das três dimensões de explicação: permanência, personalização e abrangência.

Otimismo: aprendendo a transformar pessimistas em otimistas

Pessimismo pode ser transformado em otimismo, e há vantagens evidentes em adotar uma postura mais otimista. Existem situações em que o otimismo é absolutamente necessário: quando se precisa realizar algo difícil, uma venda, um exame, um relatório, etc; quando se está à beira da desistência ou depressão, depois de uma perda ou fracasso; quando se pretende servir de exemplo para outros e assumir a liderança de alguma atividade, entidade ou empresa; quando a saúde física está em jogo. É claro que, em outros momentos, o otimismo deve ser controlado e comedido como, por exemplo, quando se faz planejamento para um futuro incerto e arriscado, quando se pretende aconselhar pessoas a enfrentarem situações difíceis ou grandes desafios, quando se quer ser solidário com indivíduos que passaram por perdas ou fracassos.

Seligman, seguindo os preceitos da terapia cognitiva, criou um modelo de ação para facilitar a mudança do pessimismo para otimismo. A sequência começa por um levantamento formal, com o registro sistemático das **adversidades** cotidianas: situações e acontecimentos desagradáveis, quaisquer que sejam, desde um engarrafamento de trânsito, uma desatenção do cônjuge ou parceiro, a promoção que não veio, a reprovação em um teste, a derrota em uma competição e assim por diante. Em seguida, você fará o registro de suas **crenças**, ou seja, a percepção da maneira como interpreta as adversidades que levaram ou promoveram a situação desfavorável anotada, do tipo "não fui justo e educado com meu cônjuge ou parceiro", "não prestei atenção ao caminho", "não fiz o que deveria", etc. É importante notar que a **crença** é causa e razão da adversidade, e não o sentimento que se tem pelo acontecido. A terceira etapa é o registro das **consequências:** o sentimento provocado pela adversidade, do tipo "acabei com o regime", "fiquei triste", "sou incompetente", "estou arrasado", etc.

A partir deste inventário exaustivo e sistemático das **adversidades, crenças** e **consequências**, o passo seguinte na direção da mudança é feito pela **contestação** das crenças e convicções negativas. Na verdade, é como se fosse uma "discussão" consigo mesmo, tentando confirmar ou negar as crenças ou convicções que causaram a adversidade. Pode ser fácil refutar a opinião que os outros têm de nós, mas é muito difícil contestar as próprias opiniões sobre si mesmo. A melhor maneira é criar um "diálogo interior", como se houvesse duas pessoas conversando e discutindo cada escolha, cada razão, cada comportamento. Os objetivos são uma nova definição de crenças e convicções mais especificas, passageiras e externas, e a construção de uma nova alternativa, dessa vez mais positiva e otimista.

Há maneiras importantes de conseguir contestações convincentes, mesmo que para si mesmo. Uma delas é a busca de provas que sustentem a convicção negativa – "que provas você tem de sua incompetência?", "o que lhe garante que isto vai se repetir sempre?", etc. Outra forma é a busca de alternativas para explicar a causa da adversidade, como uma justificativa por não ter sido o escolhido, do tipo "eu sou muito velho", que é pessoal, permanente e abrangente, mas poderia ser trocada por outra temporária e externa, do tipo "ainda não sei falar inglês", porque afinal de contas seria resolvida com esforço e dedicação. Outro modo é contestar a utilidade da crença ou convicção para cumprir os objetivos – algo como "pensar dessa forma serve para quê?" ou "aonde isso me leva" – e, chegando à conclusão de que isso não leva à meta estabelecida, fica mais fácil abandoná-la e construir outra mais útil.

O passo final para a nova postura é registrar o sentimento de **energização,** quando se está convencido interiormente de que a crença antiga foi abandonada e que a nova nos levará a uma nova situação. É um sentimento de alívio, alegria e calma.

A repetição constante dessa sequência acaba criando um novo "processo mental automático" de encarar a realidade.

Uma liderança positiva funciona como incentivo para que todos os membros de seu grupo, equipe ou empresa avaliem seu grau de otimismo e ruminação e, sobretudo, passem por um processo de transformação e mudança de estilo explicativo, buscando uma atitude mais positiva e otimista.

CAPÍTULO 11

LIDERANDO EQUIPES PARA A MUDANÇA

Toda tentativa de mudança enfrenta resistências. Como elas surgem com as mais diferentes e disfarçadas formas, devem ser vistas como sintomas, não como a doença. As pessoas rejeitam mudanças para evitar perdas, principalmente as relacionadas com fatores não materiais, como autoestima, poder, reconhecimento, medo, inveja, etc. A melhor maneira de lidar com as resistências é estruturar e conduzir o processo de mudança com o máximo envolvimento e a adesão das pessoas, buscando alinhar as lideranças e minimizar os sentimentos de perda. Administrar erradamente ansiedades e expectativas gera perspectivas irreais, fazendo as resistências e a falta de motivação surgirem muito mais cedo. O "alinhamento positivo" é provocado por uma percepção compartilhada da situação atual, da visão do futuro que se quer criar, e das necessidades e expectativas das partes interessadas (acionistas, investidores, funcionários, parceiros sociais, clientes, fornecedores, etc.).

Somente quando a dinâmica organizacional for alterada a mudança estará implantada e a empresa, transformada. Isso significa que os modelos mentais das pessoas e os elementos estruturais da organização foram modificados. Elas foram influenciadas a reavaliar seus valores e crenças e a substituí-los por outros, mais adequados à nova realidade. Alterados, os elementos estruturais (processos, metas, estrutura organizacional, sistemas de avaliação, remuneração, etc.) reforçam os novos valores e padrões de comportamento e performance.

Os processos de mobilização – diferentes dos métodos de convencimento habituais, que têm como base explicações e treinamento sobre as mudanças – são focados no comprometimento, conseguido por estimulações individuais, coletivas e da mídia e pelo desenvolvimento de projetos laterais para obter a adesão dos profissionais ao novo projeto ou modelo organizacional; tudo apoiado em conceitos claros e bem definidos.

Os desafios na implantação de projetos difíceis

Antes de entrar no detalhamento do processo de mobilização propriamente dito, é interessante definir alguns conceitos básicos. Um projeto é basicamente uma intenção; aliás, é mais que isso, por ser um conjunto de ações que materializam essa intenção e levam a atingir um determinado objetivo. Os indivíduos que executam essas ações têm participação no projeto e são chamados de atores do projeto, em contraposição a todos os demais, denominados espectadores. Estas são as três palavras-chave de um projeto: objetivos, ações e atores. Em função delas, podemos definir alguns conceitos básicos: dificuldade de um projeto, o campo de atuação dos atores, a sociodinâmica dos atores, a lateralização de um projeto e as derrapagens comportamentais dos atores.

Projetos difíceis

Se os projetos de mudança forem considerados em função dos graus de complexidade técnica e de complexidade relacional, serão estabelecidos quatro tipos.

- *Projetos tipo 0*. De baixa complexidade técnica e nenhuma dificuldade relacional. Em geral, são mudanças simples e normais na vida de uma empresa, que nem precisam ser objeto de uma estruturação sob a forma de um projeto.

- *Projetos tipo 1.* São muito complexos tecnicamente, mas pouco sujeitos a dificuldades de relacionamento e de comportamento de pessoas.
- *Projetos tipo 2.* Inversamente ao anterior, estão sujeitos a muitos problemas relacionais e não apresentam nenhuma dificuldade técnica.
- *Projetos tipo 3.* São aqueles que reúnem todas as dificuldades, complexidade técnica e problemas de relacionamento e comportamento.

Fonte: : GUIMARÃES, G. *Tempos de Grandes Mudança*

Figura 7. Tipos de Projeto

Usualmente, a complexidade técnica é medida a partir de características como inovações tecnológicas, problemas de logística, quantidade de etapas, duração e riscos. A dificuldade relacional pode ser dimensionada pela quantidade de aliados e de opositores e pela existência ou não de projetos concorrentes.

O que nos importa é desenvolver metodologias de implantação de projetos dos tipos 2 e 3, que são os mais comuns nos casos de mudança organizacional e de reestruturações – e, pelas sensações de perda, sempre geram um grupo importante de opositores. Os projetos do tipo 1 podem ser gerenciados de maneira direta e racional, pela gestão das ações e tarefas, com uma modelagem clássica PMI *(Project Management)*. Para os tipos 2 ou 3, o método direto apresenta muitos inconvenientes. A melhor estratégia, chamada de indireta, é aquela que considera muito mais os atores do que as ações. Isso não quer dizer que serão negligenciadas as atividades de gestão de tarefas, de prazos e de custos.

Quem gerencia um projeto muito técnico, mas fácil no plano relacional, começa por construir uma lista exaustiva de tarefas e, depois, as organiza em uma sequência lógica de tempo, como no clássico modelo PERT, por exemplo.

Ao gerenciar um projeto difícil, a primeira coisa a fazer é recensear os atores e procurar medir o potencial de contribuição de cada um deles para o sucesso do empreendimento. Chamamos isso de "projetar o campo de atuação dos atores".

O campo de atuação dos atores

Atores de um projeto são, em primeiro lugar, as pessoas designadas para executá-lo. Em seguida, as pessoas de dentro da instituição, afetadas pelo projeto, podem ajudar ou atrapalhar sua execução. Finalmente, são atores todos aqueles que podem de alguma forma ter uma reação, positiva ou negativa, em relação ao projeto. Na teoria, nada mais fácil do que definir quem são os atores de um projeto. Quando falamos em reestruturação de empresas, os sindicalistas, funcionários, clientes e fornecedores, os acionistas, investidores, executivos e os representantes do Estado são os atores que nos vêm à mente. No entanto, pode haver outros. Normalmente escolhemos como atores aqueles que se impõem como participantes, sobretudo os opositores, e esquecemos muita gente, particularmente os possíveis aliados. Por exemplo, quando se resolve fechar uma unidade fabril em determinada cidade e transferir sua produção para uma nova fábrica em outra região, sempre somos levados a considerar como atores do processo os empregados desligados, os sindicalistas, a prefeitura, os comerciantes da cidade, que, é claro, vão se opor à mudança. Quase nunca consideramos como atores os membros da região de destino, como a prefeitura, os comerciantes, os sindicalistas, e mesmo os profissionais que serão convidados a se mudar para lá – todos eles serão nossos aliados.

Para simplificar, a estratégia para projetos difíceis consiste em modificar os atores do jogo e modificar o jogo dos atores. A busca de novos atores aliados, fora do campo tradicional, é um dos principais fatores de sucesso na execução de projetos difíceis, cuja gestão não se restringe à organização formal das tarefas e atividades, mas é também a administração de vários atores, pouco ou muito implicados no processo, dos quais, com apenas alguns, temos uma possibilidade de estruturação e associação.

Não será suficiente definir o campo de atores apenas elaborando uma lista de grupos de pessoas. É necessário que haja uma definição, se possível, indivíduo por indivíduo, pelo menos para os mais significativos. É fundamental, também, localizá-los de maneira funcional, física e geográfica, porque na gestão e indução do comportamento deles é importante entender as possibilidades de mútua relação e contaminação.

Outro ponto básico é sempre buscar agrupá-los em quantidades humanamente controláveis, ou seja, que alguém designado para atuar nesse grupo possa conhecer muito bem cada participante. Aliás, é exatamente isso o que fazem os sindicatos em suas ações nas unidades industriais.

Cada grupo responde a dois critérios: por um lado, pode ser gerenciado por um indivíduo; por outro, deve ser homogêneo.

A identificação do campo de ação dos atores não deve servir só como identificação de postura, mas também permitir a atuação sobre eles.

Veja o exemplo a seguir.

	SETOR 1 Manutenção	SETOR 2 Recepção	SETOR 3 Informática
Quantidade	20	12	28
Aliados	4	2	0
Opositores	3	4	6

PROJETO: TRANSFERÊNCIA DA FÁBRICA SETOR 1: MANUTENÇÃO RESPONSÁVEL: JOSÉ CARLOS				
Quem	Aliado	Indeciso	Opositor	Ação proposta
Roberto Carlos		X		Procurá-lo pessoalmente
Renato Carlos		X		Descobrir seus objetivos
Carlos Roberto	X			Pedir-lhe para conversar com Maria Cláudia
Carlos Renato			X	Nada
Maria Antônia			X	Nada
Maria Cláudia		X		Confortá-la/frágil
Total	1	3	2	

É importante ressaltar que, diferentemente de projetos tradicionais, o fato de investigar, perguntar e esquadrinhar o campo de atuação e a postura dos atores já é uma ação de implantação de projetos difíceis. O processo de falar, perguntar, conversar com todos e com cada um já provoca um reposicionamento das pessoas.

A sociodinâmica dos atores

Definir e esquadrinhar o campo de atuação permite identificar e localizar individualmente os atores que podem agir a favor ou contra o projeto. Para avaliar se um ator é aliado ou opositor, devemos ir além das possibilidades simplistas de definições, do tipo amigo ou inimigo, motivado ou desmotivado, ou das percepções emocionais e/ou intuitivas, etc. É importante estabelecer critérios objetivos de avaliação.

Uma ferramenta simples, objetiva e eficaz para avaliar com precisão o envolvimento de um ator com um projeto é a sociodinâmica – também conhecida por sua aplicação na arte de governar. A ideia que está por trás da sociodinâmica não é uma avaliação sociológica ou psicológica das razões de um posicionamento. Ela se concentra, de fato, no que promove a mudança, ou seja, na energia que os atores direcionam para o projeto. Em princípio, existem aqueles que investem muita energia e outros que praticamente não se empenham. Aliás, estes últimos são sempre a maioria. A sociodinâmica define a natureza dessa energia investida: sinergia é a energia aplicada no apoio ao projeto, e, por outro lado, chamamos de antagonismo a energia aplicada contra ele.

O segundo conceito da sociodinâmica é considerar o fato de que uma pessoa possa, às vezes, estar em sinergia e, em outras, em antagonismo. Com isso, consegue-se construir um diagrama para estabelecer a posição dos diferentes atores, mostrando a contribuição de cada um em relação ao projeto, ao colocar a sinergia em ordenadas e o antagonismo em abscissa. Esse conceito é muito importante, porque permite identificar se um indivíduo está mais ou menos a favor ou contra um projeto, mas também se ele demonstra envolvimento ou não com as ações.

Para medir a adesão ou oposição de um ator, podemos considerar quatro graus. Em matéria de adesão, consideramos a *franca* e a *negociada*. A primeira não precisa de explicações, mas a segunda significa que a pessoa impõe condições para sua adesão – por exemplo, está de acordo, mas existem reticências, algumas características das quais ela não gosta. Em matéria de oposição, podemos distinguir dois comportamentos: um que pretende reduzir o avanço da implementação e outro que deseja a interrupção, o fim. Um segundo critério quantifica o grau de iniciativa de um ator. Podemos chamar de "locomotiva" quem apresenta muita iniciativa, com forte capacidade de investir tempo e esforço, além de um alto grau de competência. Em seguida, existem aqueles com motivação suficiente para tocar o projeto, mas, por diferentes razões, cansam-se rapidamente e param. Depois, vêm as pessoas cujas motivações ou capacidades são frágeis; elas precisarão sempre ser "empurradas" para acompanhar a implementação. Ainda há um quarto segmento, formado por gente que seria melhor descartar.

Para medir a sinergia (adesão), estabelece-se uma escala de +1 até +4. Primeiro, os atores são divididos em duas categorias: aqueles que tomam iniciativas a favor do projeto e os que não tomam – entendendo a iniciativa como capacidade de agir sem que lhes seja pedido algo. Esse conceito permite definir quatro categorias de sinergia:

- +1: não tomam iniciativas nem acompanham as nossas.
- +2: não tomam iniciativas, mas acompanham as nossas.
- +3: tomam iniciativas, mas param se não os acompanhamos.
- +4: tomam iniciativas, qualquer que seja nossa reação.

Para medir o antagonismo (oposição), há uma escala que varia de −1 até −4. O antagonismo é a energia que uma pessoa exerce para fazer prevalecer um projeto concorrente, que pode até mesmo ser apenas uma variante do proposto. Por exemplo, uma pessoa pode não ser contrária à implantação de um ERP – sistema integrado de gestão –, e sim contra o fato de que seja iniciado por seu departamento ou contra a liderança definida para o projeto ou outro motivo. Dá para definir quatro categorias de antagonismo:

- −1: não têm um projeto concorrente e buscam um acordo para participar.
- −2: têm um projeto concorrente, mas buscam um acordo para compatibilizar.
- −3: têm um projeto concorrente e só se submetem se forçado.
- −4: têm um projeto concorrente e preferem "morrer" a aderir.

Com base nessa matriz de análise, fica fácil (por meio das notas + ou −) estabelecer o posicionamento de cada pessoa em relação ao projeto. O objetivo, claro, não é fazer o diagrama, e sim mobilizar os atores, ou seja, adaptar nosso comportamento e as atitudes em função do posicionamento sociodinâmico de cada um deles, para obter maior eficácia de nossa estratégia. Para facilitar a análise, podemos definir oito tipos de atitudes sociodinâmicas.

- ***O triângulo de ouro***. Uma forte e dominante sinergia (+3 ou +4) e certo antagonismo (−2 ou −3). Essa denominação representa o que todo líder empresarial espera ter em seu comitê de direção. A sinergia dos atores faz um projeto avançar, mas o antagonismo deles permite,

pelo distanciamento racional, que sejam feitas críticas, sugestões e propostas de melhorias.
- **Os engajados.** Uma forte sinergia e nenhum antagonismo. Eles aderem sem restrições.
- **Os hesitantes.** Estão suficientemente implicados, com uma sinergia de +2 ou +3, mas têm um antagonismo equivalente. Isso significa que, de acordo com as circunstâncias, apoiarão o projeto ou não. Cabe ressaltar que hesitante não é indeciso.
- **Os passivos.** Sinergia e antagonismo muito fracos, quase nulos. Manifestamente, o projeto não é o deles, mas não veem alternativas. Sua cabeça tem outras preocupações. Chamamos também os passivos de maioria silenciosa ou, de maneira mais desagradável, de "peso morto". No entanto, os passivos são extremamente importantes para um projeto, por causa de duas características. Para começar, é a categoria que tem mais atores, representando até 80% do total. Depois, são eles que determinarão para que lado penderá a balança. Os passivos são o desafio do projeto – se vierem para o nosso lado, o projeto terá sucesso, mas se passarem para o lado dos opositores, ou pior, se não fizerem nada, será o fracasso.
- **Os resmunguentos.** Uma sinergia muito fraca e um pequeno antagonismo (–2), que geralmente se limita a palavras, fofocas e humor corrosivo.
- **Os opositores.** Exatamente o oposto dos engajados. Os opositores têm muito mais antagonismo que sinergia, mas como não tomam muitas iniciativas, estão mais sensíveis à composição de forças e à submissão, diferentemente dos revoltados.
- **Os revoltados.** Têm um forte antagonismo (–4) e uma fraca sinergia (+1 ou +2). Por causa do seu antagonismo, preferem perder tudo a dar qualquer chance ao projeto.
- **Os divididos.** Apresentam a característica rara de serem, às vezes, fortemente sinergéticos e, em outras, muito antagonistas. Como estão de um lado ou de outro, têm muita dificuldade comportamental para viver este paradoxo.

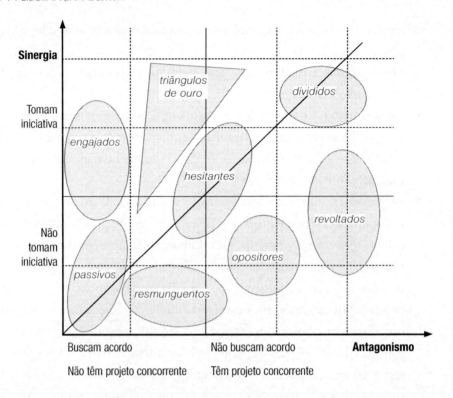

Fonte: GUIMARÃES, G. *Tempos de Grandes Mudanças*

Figura 8. Avaliação da sociodinâmica dos atores em relação à liderança e ao projeto

Como agir sobre os atores

Munidos dessa avaliação sociodinâmica, temos, já de início, uma noção mais concreta dos nossos "aliados".

- *Engajados* e *triângulos* de ouro são os aliados do círculo mais próximo e aqueles que conduzirão o projeto conosco.
- Os *hesitantes* são nossos principais alvos na busca de aliados.
- Os *passivos* são nosso maior desafio.

Em seguida, a avaliação sociodinâmica do projeto permitirá a montagem de uma estratégia adaptada à receptividade de cada ator, em função de como cada tipo reage às estimulações. Em geral, cada pessoa reage de determinada maneira e pode ser útil ao projeto de diferentes formas. É importante ressaltar que o posicionamento diante de um projeto não é uma característica de personalidade, e sim uma escolha, podendo, portanto, ser mudada de acordo com o momento.

O triângulo de ouro

O nome já sugere que é uma população de características particulares. Os atores que entram nesta categoria são aqueles que podem ser os motores do projeto. Como os engajados, dispõem de uma capacidade de iniciativa elevada, mas com a diferença de conservarem certa distância do líder, e é exatamente isso que os torna interessantes. Nesse ponto, ressalte-se que, para utilizar as qualidades desse tipo de ator, é necessário aceitar a ideia de que um pouco de antagonismo não atrapalha o projeto. Nem todos os gestores estão preparados para ouvir contestações, e há os que consideram um opositor da operação quem faz muitas sugestões para a melhoria da gestão do projeto. O posicionamento dos triângulos de ouro sempre pressupõe um trabalho próximo e atento. Por um lado, um líder deve perceber que são eles que apresentarão alternativas e opiniões contrárias importantes, estando permanentemente atentos e críticos, questionando cada passo, a cada momento. Por outro lado, os triângulos de ouro serão sempre os melhores "embaixadores" para atrair o maior número de pessoas, antes hesitantes, passivas ou divididas, levando-as a apoiar o projeto. A adesão dos atores do triângulo de ouro sempre reforça a credibilidade do projeto. Podem ocupar funções importantes no projeto, e a eles devem ser confiadas responsabilidades concretas. Aliás, esperam por isso.

Os engajados

Serão sempre os aliados mais fiéis. Os atores engajados são a base de apoio para fazer evoluir o projeto. Como sua iniciativa é suficiente, podem pilotar ações e reuniões de convencimento de grupos, deixando tempo livre para o líder gerenciar o resto. O melhor é formalizar um "contrato consensual", no qual serão estabelecidos graus de responsabilidades, autoridade delegada, objetivos a serem atingidos e, o mais importante, os limites, que só deverão ser ultrapassados após a autorização do líder. Este nunca deve se esquecer de elogiá-los e recompensá-los por suas contribuições, porque, em geral, os engajados precisam de reconhecimento. O engajamento tem um componente emocional elevado. Por serem vistos como comprometidos com a liderança e com o projeto, seus argumentos e posicionamento não contribuirão para a mudança de atitude de atores indecisos, hesitantes ou passivos.

Os hesitantes

No início de qualquer mudança, é nessa categoria que haverá uma quantidade considerável de atores. Estarão, lado a lado, os questionadores dos critérios e das alternativas propostas, gente que não deseja correr riscos e quer ver para que lado as coisas irão pender antes de se posicionar, aqueles que já viveram situações equivalentes e se decepcionaram, os que estão com medo das mudanças, etc. O sucesso de um projeto também depende da escolha que farão os hesitantes. Apesar de menos numerosos que os passivos, têm uma influência bem superior. Por causa disso, eles são, depois dos triângulos de ouro, o desafio mais importante da estratégia de busca por adesões. Diferentemente dos passivos, interessam-se pelo assunto, participam, leem as comunicações, questionam as lideranças e têm acesso também aos opositores. Os hesitantes, quando dão apoio, sempre o fazem condicionalmente, e é importante ouvi-los para saber quais são seus questionamentos. Como raras vezes exporão publicamente seu posicionamento a favor ou contra um projeto, a melhor maneira de garantir o comprometimento deles é por meio de reuniões e *workshops* abertos em que, com os atores do triângulo de ouro, possam exprimir suas preocupações.

Os passivos

Trata-se da maioria silenciosa. Os passivos são terrivelmente desencorajadores, porque não suportam nenhuma mudança. Corpo presente, cabeça distante: eles fazem sofrer tanto os engajados como os opositores, que precisam de ação e entusiasmo. Quase sempre, subestima-se a participação dos passivos. Não são os líderes que fazem os hábitos e costumes de um grupo, é a multidão dos sem história. Não é o líder sindical que faz a greve, mas a massa de trabalhadores passivos que se deixa levar. É o grande número de pessoas que, exatamente por sua quantidade, determina o estabelecimento de uma normalidade, dos comportamentos aceitáveis. É claro que os passivos não criam as mudanças, mas as oficializam. Os passivos não gostam de incerteza e insegurança nem de se questionar, se expor ou assumir riscos. Preferem a ordem, os hábitos, as coisas simples e conhecidas. Aceitam ser dirigidos, desde que os líderes não os aborreçam com muitas demandas. No entanto, não gostam de ser chamados de passivos. Precisam sentir, como todos os seres humanos, que têm alguma importância no processo. Como o processo de mudança evoluirá positivamente caso se consiga trazer para ele uma parte significativa dos passivos, é fundamental estabelecer estratégias que os convençam e mobilizem, mesmo que tenham baixa iniciativa. Alguns cuidados devem ser tomados. Os passivos não gostam de ser obrigados a dar sua opinião em público ou a se posicionar. É um risco, portanto, utilizar métodos muito participativos, que podem provocar uma rejeição ao líder e um antagonismo ao projeto. Os passivos não participam de reuniões nem leem as comunicações. A melhor forma de se comunicar com eles é pelo "boca a boca", com a informação transmitida por "seu vizinho de confiança". É importante que esse "vizinho" seja um aliado. Outro ponto importante: embora resistam a ter maior participação, os passivos querem se sentir informados e participantes. Portanto, é preciso lhes dar a sensação de que são consultados, ouvidos e instruídos, o que se faz em eventos de pequenos grupos informais. Nunca se deve esquecer de agradecer calorosamente sua colaboração. Por fim, os passivos, como grande massa silenciosa, preservam regras e princípios, sentindo-se pouco à vontade em situações contraditórias. Para atraí-los, é importante que a estratégia de adoção das mudanças lhes dê a percepção de normalidade, de uma evolução suave, que se apoia no passado e no que já é conhecido. Para conseguir a adesão dos passivos, é fundamental transmitir-lhes a ideia de que a maioria da empresa apoia o projeto, tal qual se faz com as pesquisas de intenção de voto nos processos eleitorais.

Os resmunguentos

São os passivos que não perdem nenhuma oportunidade de fazer críticas ou se expressar com sarcasmo sobre as ideias, conceitos e estratégias. Em geral, têm um antagonismo moderado, que se limita às palavras. Não tendo nada a propor, contestam o que é apresentado, não por oposição ao projeto, mas, tal como os passivos, por temerem mudanças. São importantes porque suas críticas podem chamar a atenção para possíveis riscos e inadequações. Não chegam a agir como opositores, mas também não podem ser considerados aliados. Usualmente, são pessoas que tiveram experiências anteriores malsucedidas ou participações não reconhecidas. Caso se consiga atraí-los, podem se transformar em bons aliados e formadores de opinião com alta credibilidade, em função do passado recente de crítica. Devem ser acompanhados de perto, porém, pois há sempre um forte risco de recaída. Se, infelizmente, não der para resolver a fonte de suas frustrações, pode-se, pelo menos, demonstrar simpatia e compreensão. Esse contato pessoal, com empatia, contribui para transformá-los em excelentes aliados.

Os divididos

Os atores desse grupo – quase sempre, raros e improváveis – são dinâmicos e motivados pelo objeto da mudança, mas estão convencidos de que os objetivos não serão atingidos pelos métodos propostos. Acreditam numa estratégia oposta à que está sendo seguida. Vivem uma verdadeira divisão interior, um caso quase patológico. Como não podem se submeter, acabam por se distanciar. Em geral, esse tipo de posicionamento ocorre nos casos em que as mudanças são acompanhadas pela escolha e troca de lideranças. Não se deve contar com esses atores, sendo melhor deixá-los de lado. A única vantagem é que os divididos são "uma pedra no sapato" para os opositores. Afinal de contas, acreditam na mudança e no objetivo, mesmo que se oponham aos caminhos do processo.

Os opositores

Toda e qualquer mudança sempre terá uma oposição. A novidade altera os hábitos, perturba o cotidiano e gera situações de transição desconfortáveis. Em consequência, as pessoas se recusam a questionar a situação de tranquilidade e segurança, procurando frear ou impedir qualquer tentativa de mudança. No entanto, a oposição pode ter diferentes formas. Esta categoria de atores se caracteriza por uma fraca iniciativa de oposição às ações. São pessoas que não têm, de fato, pontos de apoio para se opor. Em contrapartida, dispõem de um poder real de provocar danos, podendo influenciar negativamente o "moral das tropas". É indispensável reduzir sua influência, pois, a longo prazo, podem colocar a liderança do projeto em dificuldade. Gestores em xeque tendem a acreditar que "quebraram a cara" porque tiveram o azar de enfrentar opositores virulentos, que atraíram parte significativa da equipe. Isso raramente é verdadeiro. Todo projeto tem opositores, e o importante é descobrir e compreender as causas da oposição. Antecipar-se às objeções evitará que os opositores tenham força para convencer os demais atores. É fundamental para o líder abrir possibilidades, ter reuniões "olho no olho" e se aproximar da oposição. Mas é importante saber que, se os opositores participarem dessas reuniões, não virão em busca de um acordo, e sim para dizerem que o líder está errado e que os objetivos são inatingíveis.

Os líderes costumam gastar muito tempo e energia tentando convencer opositores. Essa atitude não é adequada, pois passa a imagem de que ser oposição permite ser ouvido, participar e obter vantagens. A liderança precisa se preocupar com os aliados e, mais ainda, em trazer os passivos e hesitantes para seu grupo. Opositores têm sensibilidade para o equilíbrio de forças e, ao contrário do que se imagina, respeitam regras e princípios. A melhor forma de se lidar com opositores é descobrir o que eles respeitam e o que e quem é importante para eles, utilizando isso como instrumento para conseguir sua submissão, e não sua adesão. Ou seja, não se convencem opositores, mas é possível subordiná-los. Alguns líderes e gestores acreditam que podem desenvolver uma convivência saudável com a oposição, mas um dia descobrem a força destrutiva do movimento contrário. Acordos, mesmo os assinados, com opositores serão cancelados quando o equilíbrio de forças se inverter. Isso é particularmente importante nas negociações sindicais. A regra de ouro do comportamento a ser adotado com um opositor é o de evitar gastar muito tempo com ele. Na verdade, o tempo é o melhor aliado. Postergue a "negociação" e, quando chegar o momento, crie uma porta de saída, uma alternativa, um plano B para a oposição.

Os revoltados

Felizmente, eles são, por natureza, poucos. Mas muito barulhentos. Como característica, não só têm um projeto que vai na direção contrária ao que está sendo implementado, mas também outra visão de sociedade e de estratégia, diferente da definida. Assim como com os opositores, não é confiável, saudável nem oportuno tentar convencê-los, e muito menos atraí-los. Não se negocia com revoltados, demite-se. Mas se não for possível, é melhor afastá-los da cena e mesmo da empresa, para que fiquem em casa. Caso isso não seja feito, tentando negociar ou aceitar imposições dos revoltados, corre-se o risco de que os aliados, os triângulos de ouro e, sobretudo, os passivos e hesitantes fiquem incomodados e passem a achar que não é mau negócio ser contra o projeto.

Os escorregões comportamentais dos atores

Como projetos difíceis são aqueles que apresentam obstáculos relacionais, sua gestão tem um componente fortemente emocional. Os líderes precisam preocupar-se também com reportagens e críticas na mídia, greves, invasões de unidades e assembleias barulhentas, ameaças físicas e psicológicas, acionistas e investidores assustados, etc. Nesses momentos difíceis, inevitavelmente, alguns comportamentos não serão adequados e, muito menos, as reações a eles. Por mais bem preparados que estejam, os profissionais podem apresentar escorregões comportamentais no meio dessa tempestade, tais como: só enxergar os opositores e ignorar os aliados; evitar física e intelectualmente os supostos adversários; avaliar as pessoas tendo como parâmetro o grupo a que estas pertencem e os próprios preconceitos, deixando de vê-las como indivíduos; ficar em pânico e trabalhar como louco, sem método, sem plano, sem critério; entrar em estado de choque após reações contrárias ou golpes baixos e traiçoeiros, ficando quase catatônico, sem nem mesmo conseguir pensar. Finalmente, repete-se um péssimo comportamento: gestores, líderes e principais apoiadores começam a se criticar uns aos outros e terminam, aí sim, com o pior que pode acontecer, buscando culpados pelo fato de as coisas não estarem dando certo.

O primeiro tipo de escorregão comportamental – a preocupação obsessiva com os opositores – é, por incrível que pareça, muito comum. Talvez haja uma explicação psicológica para o fato de um líder deixar de cuidar dos aliados para se interessar pelos que pretendem destruir seu projeto.

O ser humano suporta mal a rejeição, as críticas, ou o abandono. Naturalmente, a primeira reação é tentar conquistar ou cativar o oponente para evitar a agressão ou a rejeição. Mas, como muitas vezes ocorrem pressões, os gestores sempre se sentam à mesa com os opositores para negociar (por exemplo, com líderes sindicais), procuram advogados em busca de alternativas e defesas, e o tempo vai passando. Quanto mais problemas surgirem e o atraso aumentar, mais os gestores se preocuparão com os opositores e gastarão toda sua competência e capacidade de trabalho para responder aos ataques e criar armadilhas. Quanto mais isso acontecer, mais importantes ficarão os adversários e seus argumentos, o que terá um efeito desastroso sobre a maioria silenciosa, a qual passará a acreditar que conseguirá vantagens ou, até mesmo, que a empresa desistirá da mudança. Portanto, haverá graves consequências se você desistir de cuidar dos problemas enfrentados pelos aliados e deixar de comunicar positivamente a evolução do processo.

O segundo escorregão clássico – evitar os opositores – é bem conhecido, muito comum e igualmente pernicioso. Caracteriza-se pelo fato de o líder evitar, de maneira inexplicável, olhar de frente as dificuldades interpostas à evolução normal do projeto. O líder foge do assunto e das reuniões e nem mesmo vai aos locais onde poderá encontrar opositores. Existe um pavor do conflito. Na verdade, tudo isso começa durante a preparação da mudança, quando as lideranças ainda não estão autorizadas a divulgar ou discutir estratégias e processos. Quando chegar o momento da comunicação, o assunto sempre será tratado de forma emocional, conflituosa, por aqueles que acabam de ser informados da mudança, do desligamento e da perda. Os líderes e gestores, nessa hora, preferem passar o problema para os profissionais de RH, ou seja, evitam a situação de conflito. Essa opção não ocorre por covardia, mas é inconsciente, sendo fruto muito mais do desprazer causado por discussões emocionais, sobretudo para as pessoas mais racionais. Esse comportamento inadequado provoca uma acumulação de problemas mal resolvidos. Além disso, amplifica os boatos, facilitando para os opositores o trabalho de convencimento. A maioria, silenciosa e insegura, prefere acreditar naquela pessoa próxima, mesmo que as notícias não sejam boas, do que ficar esperando um contato tranquilizador do distante gestor. Como consequência, a pressão dos opositores e as dúvidas dos atores divididos atrasam o projeto, que acaba se arrastando por muito mais tempo que o previsto.

Julgar os outros pelas ideias preconcebidas que se tem sobre o grupo a que pertencem é uma atitude habitual de líderes e gestores que desconhecem a realidade da empresa de perto, que nunca foram ao chão de fábrica nem visitaram os clientes ou tiveram contatos próximos e sociais com as pessoas. Em projetos difíceis, isso é muito comum. Nas grandes empresas, especialmente nos projetos estratégicos, a direção acaba escolhendo como líderes e gestores as pessoas próximas ao topo e, sobretudo, aquelas em quem confia. No início, todo projeto é confidencial, e a equipe de liderança sairá desse pequeno grupo de escolhidos para sua elaboração. Raramente ela virá da base próxima à maioria silenciosa. Como muitos desses líderes não conhecem as negociações trabalhistas e nunca participaram delas, será mais fácil para eles negociar com os sindicalistas como um grupo do que tentar conhecer o indivíduo A ou B nas lideranças sindicais – e, na hora de tratar com o sindicato, poderão entrar em pânico pelas histórias que escutaram e leram na imprensa. Sempre será mais rápido catalogar as pessoas do que buscar conhecê-las de perto. É desse modo que surgem as expressões do tipo "o chão de fábrica acha", "os administrativos vão aderir", "a manutenção é muito sindicalizada", etc. O risco é não fazer a sociodinâmica pelo posicionamento, mas avaliar a reação pelo grupo a que pertencem os indivíduos e até considerar como opositores possíveis aliados ou simples agentes passivos. Esse comportamento é perigoso por originar diagnósticos errados e, como resultado, soluções e estratégias inadequadas. Mas a pior consequência é criar fortes reações contrárias, que seriam evitadas no início, quando ainda eram fracas. Como os opositores e revoltados do grupo não foram identificados e passaram a ser tratados como oposição, todos se transformaram em adversários.

Entrar em pânico, tomar decisões precipitadas e contraditórias e iniciar inúmeras ações simultaneamente são procedimentos típicos de líderes e gestores que estão pressionados pelos prazos ou sob efeito de intensa emoção, consequência de uma ação forte dos opositores (invasão de fábrica, quebra de máquinas, sabotagem na produção, etc.). Como um samurai cego, a direção do processo desfere golpes de espada para todos os lados, correndo o risco de ferir um amigo silencioso. Projetos mal planejados e sem controle quase sempre terminam mal, com pânico generalizado no topo. O gestor espavorido, que vai para a frente de batalha gritando ordens e decisões contraditórias, cria uma brutal excitação no grupo, o que realimenta a crise de pânico no comando do processo, porque todos buscam o líder para qualquer decisão. Nessa situação, realmente falta tempo; a liderança se verá sem saída, o projeto custará muito mais do que o previsto e, provavelmente, não atingirá os objetivos.

A paralisia surge do receio ou temor de que as consequências das ações sejam piores que a inação ou mesmo que a espera de que as coisas se resolvam sozinhas. Pode também ser o contraponto do comportamento atabalhoado das mil decisões contraditórias. Quando um parte para a luta desenfreada, o outro para e aguarda o que vai acontecer. A experiência mostra que, em situações de conflito e tensão, é pior não fazer nada do que realizar coisas erradas. Esse procedimento paralisa não só a execução dos trabalhos como a capacidade de escolher, de avaliar uma situação e de tomar uma decisão. Duas causas estão na origem da paralisia: uma é o medo, e a outra, igualmente importante, é a fadiga.

Projetos difíceis esgotam física e mentalmente líderes e gestores. Alguns não resistem ao estresse e afundam. Perdem a autoconfiança, passam a duvidar de suas verdades e seus valores. O líder pode ter passado tanto tempo buscando detalhes e certezas, tentando evitar erros e conflitos, que não faz nada nem aceita que outros façam. Essa paralisia é, quase sempre, o indicador mais forte do fracasso final e próximo do projeto.

A situação piora quando líderes e gestores se acusam mutuamente. Já não agem; só punem e demitem. Não buscam soluções, mas culpados. No limite, esse comportamento se espalha por toda a equipe. Cada um atacando o próximo e evitando ser visto como responsável pelo fracasso. Nessa condição, os aliados já não são vistos como tais. Todos são culpados. O final é previsível: haverá um acordo e "será achado um bode expiatório", com frequência o líder do projeto, que, no início, era muito respeitado, mas agora será responsável por todos os erros e mazelas e jogado às feras. Às vezes, esse final, apesar de dramático, pode ser positivo para o projeto. Livres de culpas, os aliados sobreviventes se reorganizam e, agora mais experientes, terão mais chances de sucesso em uma nova tentativa. É como dizem: custou caro, custou vidas, mas, enfim, o projeto foi implementado.

As estratégias de implementação

Existem quatro as estratégias clássicas para a implementação de um projeto. A do "ou vai ou racha", a do "vamos todos juntos", a "só com a minha turma" e a "manipuladora".

A estratégia do "ou vai ou racha" não considera os atores, mas impõe uma forma e um método, e a frase motivacional mais ouvida é: "o que está esperando?". Caso não seja um "projeto difícil", a tática pode funcionar. Nos casos em que as dificuldades relacionais são altas, porém, o sucesso é pouco provável. Os opositores reagem, inquietam os hesitantes, o que põe em alerta os passivos. A tensão é crescente. Os líderes exigem resultados e falam de sanções. Quando a pressão chega ao limite, o conflito explode. Os líderes recuam e propõem uma mediação. Depois de se perder muito tempo, tenta-se novamente. Dessa vez, a oposição se faz de maneira não conflituosa. Em lugar do confronto aberto, temos a sabotagem, a má vontade. O excesso de "problemas aparentemente técnicos" impede a evolução do projeto. A reação humana contrária fica escondida e não é tratada. A estratégia do "ou vai ou racha" tem o defeito de desencorajar os aliados, que não se sentem escutados nem participantes, além de facilitar o trabalho da oposição, criando conflitos desnecessários.

Em compensação, a estratégia do "vamos todos juntos" é muito frouxa. Segue o pressuposto de que, ouvindo todo mundo, corre-se menos riscos de oposição. O lema é: "vai ser bom se for bom para todo mundo". Organizam-se muitas reuniões, grupos de trabalho e pesquisas de opinião e clima. O resultado é o mesmo da estratégia anterior: o projeto não avança. Dessa vez, as causas não são os conflitos e sabotagens paralisantes, mas a perda de tempo e a falta de objetividade. Tentar métodos participativos quando os opositores são numerosos pode ter consequências graves. A primeira é criar muitas oportunidades e dar espaço para que opositores e revoltados possam expor suas desagradáveis ladainhas. A outra é trazer à tona todos os outros problemas, que não deveriam ser tratados por esse projeto. Uma estratégia participativa pode ser útil em processos normais, com pouca rejeição e antagonismo, ou naqueles empreendimentos em que se tem muito tempo. Em projetos difíceis, essa estratégia só deve ser usada quando se quer "esticar" um tema ou assunto para que a solução adequada acabe se impondo por decurso de prazo.

A "só com a minha turma" prevê que o projeto seja estruturado de forma a assegurar ao máximo a participação dos aliados. Na verdade, entre as quatro estratégias clássicas, é a primeira que leva em consideração o posicionamento dos atores. Usualmente, começa com o recenseamento dos aliados e opositores, para reunir uns e afastar os outros, e pretende fazer o que deve ser feito, mas erra por não atrair todos os atores (hesitantes, passivos, etc.); por isso, não consegue uma implementação adequada e muito menos uma mobilização das equipes após a mudança.

A estratégia manipuladora consiste em convencer, "por baixo dos panos", uma rede crescente de pessoas. A ideia é buscar aliados e mobilizá-los um a um, criando uma teia que se forma com novos apoiadores e da qual a liderança é o centro. Na verdade, não se trata de uma estratégia de implementação de projetos, mas de conquista de poder. Presta-se muito mais a debates conceituais e ideológicos, aplicando-se muito bem na fase que precede a mudança, ou seja, no estágio em que se tomam as grandes decisões, nas reuniões de direção geral, de acionistas e investidores. Na fase de execução, após a comunicação ser feita e com os atores tomando as primeiras decisões de posicionamento, não se tem tempo nem credibilidade para essa estratégia sub-reptícia, porque as coisas já estarão sendo discutidas abertamente.

A estratégia de criação de projetos laterais

O posicionamento de um ator em relação a um projeto não é uma característica fixa nem resultado de sua personalidade. Na verdade, seu posicionamento depende das vantagens ou dos entraves que ele percebe. O posicionamento pode, portanto, variar ao longo do tempo em função de uma nova compreensão ou percepção que o ator venha a ter ou por meio da capacidade de influência das lideranças. A maneira de apresentar o projeto, e até a forma como o processo evolui, vai melhorar ou piorar a avaliação sociodinâmica. Uma representação diferente do projeto pode alterar o posicionamento dos atores e até ser considerada uma espécie de projeto lateral, em consonância com o conceito de "pensamento lateral", criado por Edward de Bono.

Projeto lateral é uma nova formulação de um projeto que leva em conta as observações e necessidades dos atores. Com isso, consegue-se incorporar à construção de um projeto os objetivos individuais e a criatividade de cada ator, eliminando ou reduzindo espaços de conflitos. De certa forma, é uma desconstrução do posicionamento de cada ator, uma visão divergente, ou nova, que se sobrepõe ao pensamento normal, convergente e construtivo. Os projetos laterais são pedaços ou fases de um projeto que fazem sentido para os atores cujas metas pessoais convergem para os objetivos do projeto original de mudança.

É importante ressaltar que não se pode falar de energia do grupo, mas sim da energia de cada indivíduo, nas iniciativas contra ou a favor de um projeto. Isso significa que cada pessoa decidirá por um posicionamento em razão de suas motivações pessoais, intrínsecas, quer tenham sido resultado de influências externas ou internas. A estratégia do projeto lateral obriga os líderes a usarem toda sua empatia para descobrir as motivações de cada ator de sua equipe, além de sua capacidade de influenciar e convencer pessoas para mostrar-lhes como o projeto (a formulação específica para cada um) pode representar a consecução de seus objetivos pessoais. O êxito do processo abre possibilidades para aqueles que querem uma promoção ou um dinheiro adicional para comprar um bem qualquer, apostando nos modelos de reconhecimento e recompensa estabelecidos, e também para quem pretende trabalhar em outro local. Na estratégia do projeto lateral, mais do que em qualquer outra, a sociodinâmica é fundamental. Tanto o posicionamento como a ação funcionam para cada indivíduo. A sequência de atuação da liderança do projeto é: primeiro, identificar os potenciais aliados; segundo, mobilizá-los e dar-lhes argumentos para que eles próprios possam buscar novos aliados potenciais e convencê-los; e, fechando o tripé, voltar-se para os hesitantes e passivos, tentando trazê-los para o grupo de aliados. Tudo funciona como a expansão das ondas concêntricas formadas por uma pedra caindo no meio de um lago.

Alguns pontos são importantes para o sucesso dessa estratégia. Inicialmente, vale lembrar que só deve ser considerada como energia a força dos atores organizados, ou seja, grupos isolados ou desorganizados não têm significado para o projeto. A energia favorável que garante o sucesso da implementação de um projeto é o somatório das forças dos indivíduos que foram organizados e estruturados em sua ação. Sem organização e estruturação de tarefas, o apoio não se transforma em resultado positivo. A conclusão é que o sucesso ou o fracasso do processo depende da capacidade de organização dos aliados ou dos opositores. O grande desafio das lideranças é garantir o apoio que facilite a organização dos atores aliados, e aí surge o segundo ponto importante: é mais fácil os aliados se organizarem quando o fazem para seu próprio projeto (o projeto lateral). Portanto, a liderança deve ter a capacidade e a maturidade de permitir que os aliados se organizem, sem lhes impor forma, método ou estratégia, mas definindo objetivos compartilhados. Nos projetos difíceis, os aspectos relacionais e humanos são sempre o maior problema. A imposição nunca vai funcionar. Além do mais, é típico dos seres humanos que os objetivos e desejos se alterem e evoluam ao longo do processo de mudança. Por causa disso, vários projetos laterais podem ser necessários para o mesmo projeto e para o mesmo grupo de pessoas. A experiência mostra que é mais fácil transformar projetos laterais do que tentar encontrar um que atenda a todas as necessidades, durante todo o tempo.

Para facilitar as mudanças, é fundamental trazer da área externa o apoio de um terceiro personagem – um gestor externo. Ele garante e facilita o relacionamento entre os atores, porque, em tese, não tem convivência anterior com aquela equipe nem representa uma ameaça de se transformar em um novo líder na empresa reestruturada. Como um soldado mercenário, ajuda a vencer a guerra, mas não participa na administração do "Estado" vencedor – já os líderes do projeto sempre são vistos com reservas pelos aliados mais importantes. Esses terceiros, além dessa vantagem relacional, em geral são profissionais que, por vivências e práticas anteriores, agregam ao projeto bastante experiência e conhecimento. Estão em condições de assumir tarefas contraditórias e difíceis, como negociações sindicais complicadas, e também podem se queimar e ser retirados do processo sem criar dificuldades na gestão posterior da empresa reestruturada. Além disso, esses terceiros podem ser usados para criar dinâmicas e entrosamento no grupo. No contato pessoal, um a um, é provável que seu comportamento seja muito diferente daquele manifestado pelo participante de uma equipe. Os líderes não devem correr o risco de coordenar esses *workshops* e dinâmicas em grupo. Essa tarefa cabe a terceiros, não só pela habilidade e experiência, mas porque uma rejeição não terá efeitos catastróficos na evolução do processo. Muitos líderes, por vaidade ou objetivos pessoais, preferem se colocar à frente do grupo, usando essa atitude como símbolo de seu poder.

A simples presença de um terceiro não é suficiente para facilitar as relações. É importante criar uma sequência de eventos encadeados, com o objetivo de atrair adesões, consolidar posições e promover estimulações individuais (encontros "olho no olho"), que reforçam o engajamento e permitem identificar obstáculos e gatilhos para a concretização do comprometimento de cada pessoa. Em uma relação individual, o comportamento de cada ator é diferente do que ele apresenta quando está em grupo. Nesse tipo de encontro, dá para aprofundar suas razões e expectativas, além de conseguir sua adesão e comprometimento. Em seguida, devem ser promovidas estimulações coletivas (reuniões, *workshops*) que possibilitem às pessoas mostrar seu comprometimento com o projeto na frente dos colegas. Nessas reuniões, a equipe pode expor suas razões para apoiar o projeto – em geral, indecisos e hesitantes reconhecem nas questões expostas suas próprias razões e podem se aproximar do grupo de apoio.

A sequência das etapas e dos eventos

A implementação de projetos difíceis, usando a estratégia do projeto lateral, tem várias etapas.

- Apresentar o projeto como uma "missão", na qual o gestor/líder passa a personificar a figura do "herói".
- Mostrar o projeto como uma resposta, a solução de um problema, ou mesmo "o caminho" para se conseguir uma vantagem ou uma nova oportunidade.
- Reforçar a característica de "missão" para conseguir o *empowerment* dos responsáveis na linha de frente. Assim, eles poderão se identificar mais facilmente com a responsabilidade de atingir os resultados esperados.
- Destacar uma visão de responsabilidade social associada ao projeto, para reduzir as consequências no emprego, na economia, na região, etc.
- Trazer aliados para conduzir e suportar o projeto.
- Identificar as pessoas que possam tomar iniciativas que favoreçam o projeto.

- Fazer a alta cúpula assumir a propriedade das mudanças e ser porta-voz delas.
- Promover estimulações individuais que reforcem o comprometimento e permitam identificar obstáculos e gatilhos para a concretização deste.
- Promover estimulações coletivas (reuniões, *workshops*) que possibilitem às pessoas se comprometerem com o projeto na frente dos colegas.
- Promover estimulações e divulgações na mídia externa (jornais, telejornais, internet, etc.) que passem credibilidade e permitam criar e fortalecer a consciência do processo de mobilização.
- Estabelecer um sistema de gestão de eventos, em prazos curtos, para dar ênfase à contribuição dos "heróis" e também para a criação e manutenção do clima de desafio e aventura.

Para realizar as mudanças, é importante estabelecer uma sequência de ações que atinjam círculos sucessivos de pessoas. Para atrair o primeiro círculo, o passo inicial é identificar os hesitantes e triângulos de ouro mais próximos. Em seguida, encontros individuais servirão para descobrir suas razões e expectativas em relação ao projeto. Nesse momento, é importante construir, com cada ator, um projeto lateral que faça sentido e atenda às suas expectativas. A partir daí, podem ser criadas dinâmicas de grupo em que os participantes ouvirão, de forma resumida, as razões e opções de cada um dos convidados – o objetivo é reforçar a busca de adesões. Para acelerar esse processo, também é preciso elaborar com o grupo um "argumentário", ou seja, uma série de perguntas e respostas que ajude cada pessoa na criação de projetos laterais e na explicação das razões para adesão. Assim, o grupo estará pronto para procurar mais hesitantes e triângulos de ouro, formando um novo círculo.

É importante ter o apoio deles na busca de novas adesões. Nem os passivos e muito menos os opositores devem fazer parte desse primeiro grupo de novos aliados. O objetivo dessa etapa é conseguir uma quantidade significativa de apoiadores – caso se permita a participação de opositores, haverá risco de antecipar desnecessariamente discussões sobre outras possibilidades e alternativas.

No encontro "olho no olho" com as pessoas selecionadas, é possível descobrir os argumentos favoráveis ao projeto e os objetivos individuais que as motivam. Em paralelo, identificam-se as críticas e objeções que, após serem expostas, servem para estabelecer modificações e visões divergentes, ou novas, que permitam a construção de projetos laterais.

A regra de ouro é "ficar rouco de tanto escutar". Ouvir as críticas, mesmo as mais ácidas, sem se contrapor ou responder nem se ofender. O objetivo é levar o interlocutor a se expor e abrir a discussão sobre suas condições e exigências. A sequência sugerida ao líder é apresentar argumentos e situações que levem cada interlocutor, convencido por si mesmo, a aceitar as novas ideias e os novos valores. A partir daí, criar um projeto lateral torna-se um passo lógico. É como, em uma negociação, conseguir uma posição "ganha-ganha", uma percepção de que os objetivos pessoais são conseguidos quando se buscam os objetivos da empresa no projeto difícil de mudança.

Para mobilizar os novos aliados e incentivá-los a passar suas razões aos demais, sobretudo aos passivos, é fundamental promover reuniões e dinâmicas de grupo. Podem ser seminários de um dia, palestras de algumas horas e trabalhos em equipe. O importante é permitir que cada um exponha suas razões ou percepções e escute os novos "convertidos". A ideia é reunir as pessoas e, com a "animação" a cargo de um terceiro personagem externo, incentivá-las a discutir e trabalhar sobre suas razões e objetivos, até perceberem uma descrição do projeto que lhes traga vantagens e a realização de metas pessoais.

Para que isso ocorra, não se pode "esconder" qualquer dúvida ou objeção nem fugir delas. É necessário que todas sejam discutidas e resolvidas. O fato de alguém "de fora" expor as dúvidas e críticas ouvidas na fase das reuniões individuais, sem juízo de mérito ou interrupção, tem um efeito incrível sobre o grupo. As objeções tratadas dessa forma, antecipadamente, antes de ser objeto de discussão coletiva, passam a ser vistas como resolvidas ou aceitas como necessárias. Quando ocultadas ou não tratadas, corre-se o risco de vê-las explodir agressivamente no pior momento, criando um clima de rejeição. O outro objetivo dessas reuniões é criar condições para que cada um possa, por meio de suas relações interpessoais, adotar um projeto lateral, ouvindo o que outros esperam e pretendem. Isso é fundamental, porque, em geral, os passivos não possuem objetivos claros e bem definidos. Assim, passam a adotar e a assumir objetivos de pessoas em quem confiam e respeitam.

Essas reuniões também servem para mostrar com clareza as consequências das mudanças. Somente após perceber, sem preconceitos, o que irá de fato ocorrer na empresa depois da mudança é que as pessoas começam a compreender o que está acontecendo. O passo seguinte é pedir que elas discutam a melhor forma de expor a situação aos demais funcionários e conseguir a adesão deles. Esse esforço não é apenas para conquistar o apoio de cada pessoa, mas também para engajá-las coletivamente. Esse compromisso público será um poderoso motivador para o avanço dos trabalhos.

Uma vez engajado, cada ator buscará novos grupos para repetir o processo, como a transmissão de ondas por círculos concêntricos. Assim, a rede de aliados continuará a ser formada, cabendo ao líder organizar a atuação de cada um deles. Para garantir a permanência e a expansão dessa adesão, é fundamental promover estimulações por meio da mídia externa (jornais, telejornais, internet, etc.) que passem credibilidade e permitam criar e fortalecer a consciência do processo de mobilização.

CAPÍTULO 12

O QUE FAZER PARA MOTIVAR PESSOAS A ATINGIR DESEMPENHOS MUITO ACIMA DO NORMAL

É sempre bom lembrar que não se motiva pessoas, mas tenta-se mobilizá-las. As razões da motivação são características intrínsecas, que dependem de valores e desejos egoístas e pessoais. O que se pode fazer é mobilizar indivíduos para usarem sua motivação intrínseca a fim de fazer aquilo em que acreditam ou que precise ser feito. Isso quer dizer que, para mobilizar pessoas a fazer algo, é preciso, primeiro, convencê-las de que aquilo precisa ser feito. O desafio, na verdade, é: como fazer que pessoas inteligentes e capazes contribuam com o máximo de seus esforços.

Não existe fórmula mágica, e o mais sensato é combinar ações e atitudes essenciais ao comportamento humano mais profundo, utilizando várias abordagens e técnicas. Isoladamente, cada uma delas já é boa, mas combinadas podem trazer os resultados necessários. Antes de qualquer coisa, convém salientar que os fatores básicos da produtividade e da eficácia são a existência e a disponibilidade de todos os recursos necessários à execução das atividades, desde os mais básicos – saúde, alimentação, ambiente correto, ferramentas adequadas, etc. – até os mais complexos como competência, autoestima, condições psicológicas, entre outros. Somente a partir disso é que se pode estruturar um programa de mobilização de pessoas. Também é bom ressaltar que os pontos a seguir não estão ordenados por grau de importância, apenas foram agrupados de forma lógica.

Comunidade: sentir-se incluído

O primeiro ponto é o conceito de comunidade, o sentimento de pertencer a um grupo, a uma equipe, a um projeto. E para que isso seja verdadeiro as pessoas devem se sentir identificadas com as escolhas ou definições e participando das decisões. É fundamental o líder criar situações que permitam a cada um dos membros de sua equipe vincular os benefícios da ação conjunta com vantagens pessoais que possa obter e que consiga responder internamente à questão: "O que eu ganho com isso?".

Comunicação: sentir-se informado

Outro ponto é a comunicação, que responde e atende à necessidade do indivíduo de se sentir informado, sabendo o que faz, por que faz, para quem e para que faz e, sobretudo, que resultados são esperados do grupo como um todo e dele em particular. Com isso, consegue-se manter elevado o nível de mobilização dos que permanecem na empresa.

Significado: sentir-se importante

O terceiro fator é permitir que as pessoas se sintam importantes na comunidade. Para isso, é fundamental que o projeto – ou a tarefa – seja apresentado como uma "missão", na qual o participante se identifique com a figura do "herói", ou seja, que possa passar aos outros a ideia de que a atuação dele é essencial para chegar à vitória, para a obtenção dos resultados previstos. Essa forma de raciocínio faz parte do inconsciente coletivo. Nas histórias, lendas e mitos humanos sempre existiu a figura do herói romântico e ético que luta por causas nobres. O projeto ou a ação deve, portanto, aparecer como uma resposta, como a solução de um problema ou a vitória sobre uma ameaça. Apresentado como "missão", o projeto ou tarefa conseguirá o *empowerment* dos executantes na linha de frente. Eles poderão se identificar mais facilmente com a responsabilidade de atingir os resultados esperados – serem percebidos como importantes é a melhor das recompensas intrínsecas.

Crenças e valores: sentir-se escolhido

O quarto ponto é a percepção clara da escolha e definição dos participantes da equipe. É mais um dos mitos clássicos, o dos escolhidos – nós e eles. É ilusão tentar mobilizar pessoas que tenham posturas e valores divergentes dos esperados pelo projeto e pelo grupo. Na análise da sociodinâmica dos atores, relacionando sua atitude em relação ao projeto, que varia de forte sinergia (apoio e iniciativa) até o antagonismo (oposição e objetivos opostos), teremos sempre as oito possibilidades de agrupamento, de engajados a revoltados, como já citado anteriormente. Essa análise facilita a escolha. Em resumo, fica fácil concluir que é importante trabalhar com os engajados e apoiadores (triângulo de ouro), pois trarão os hesitantes e os passivos para o grupo. Não se deve permitir que permaneçam na equipe os opositores declarados e os revoltados, sobretudo se tiverem projetos próprios com objetivos conflitantes. Excluindo esses atores, mostra-se aos demais, claramente, que eles são os escolhidos. Os resmunguentos e os divididos sempre poderão ser úteis, porque suas dúvidas e críticas alertam para dificuldades e armadilhas.

Recompensa: sentir-se reconhecido e recompensado

O último e mais importante fator mobilizador é reconhecer e recompensar o esforço e o atingimento de resultados. Isso responde às necessidades humanas fundamentais: a busca do prazer e a evitação da dor. O reconhecimento de sua importância e de suas ações permite às pessoas suportar o medo do desamparo (o abandono, a insegurança, o desemprego, etc.). O reconhecimento deve ser público, mostrado e visto. Até mesmo deve ser estabelecido um sistema de gestão de momentos e eventos, uma liturgia, em que se possa dar ênfase e premiar a contribuição dos "heróis", além de criar e manter o clima de desafio e aventura que, justificará novas recompensas. Mas, cuidado: o reconhecimento deve ser, obrigatoriamente, percebido como justo e justificado. As pessoas são muito afetadas por esses momentos e eventos, sobretudo se houver uma percepção de injustiça ou iniquidade.

Caso a relação retribuição-contribuição dos premiados seja vista como injusta pelos não contemplados, isto é, quando todos acham que contribuíram mais que os recompensados, o tiro pode sair pela culatra: em vez de perceber reconhecimento, os premiados podem passar a ter sentimentos de culpa, enquanto os preteridos podem se revoltar pela sensação de iniquidade. Como consequência, as pessoas tentarão restabelecer seu equilíbrio nessa relação, seja se mantendo no grupo, mas reduzindo suas contribuições e comprometimento, seja rompendo com o grupo, mas buscando emular o comportamento premiado. No sentido inverso, quando há um sentimento geral de que houve equidade, todos buscarão reforçar o equilíbrio nessa relação, aumentando as contribuições e seu comprometimento, que, afinal, é o que se busca no processo de reconhecimento/recompensa. Cabe ressaltar que a recompensa deve fazer sentido para o premiado e ser feita com a "moeda" que o motive, seja ela qual for: dinheiro, *status*, cargo, qualidade de vida, segurança, etc. Isso pressupõe que o líder esteja próximo e conheça as pessoas, mas também que o "pacote" estabelecido pela empresa seja flexível e faça uso das inúmeras possibilidades, formas e "moedas" de recompensa. Por fim, é importante criar critérios de recompensa considerando as três possibilidades de incentivo: financeiro, moral e social.

Clássico e simples, o primeiro incentivo individual é o financeiro, mas deve sempre estar ligado a causa/efeito, ou seja, será dado como premiação quando um objetivo comum, claramente estabelecido, for atingido, ou como uma multa/sanção se isto não ocorrer e quando alguma regra ou norma determinada não for cumprida. Exemplificando, é comum nas reestruturações que as pessoas, pelo medo de perder o emprego, comecem a faltar ou buscar licenças médicas. É comum também, portanto, que as empresas premiem a frequência e a assiduidade.

Depois, vem o incentivo moral. As pessoas assumem compromissos com base nos valores morais e culturais do grupo. Cabe ao líder valorizar, reconhecer e reforçar os comportamentos adequados, em eventos públicos ou em comunicações, nas quais a figura do profissional é exposta como modelo e seu comportamento é enaltecido. Esse tipo de incentivo é fundamental, sobretudo para os trabalhadores do conhecimento, para os quais é praticamente impossível se estabelecer métricas.

Para concluir, temos os incentivos sociais. Correspondem à criação de modelos de recompensa que levem a controles, restrições e pressões da comunidade sobre os indivíduos que, por sua atuação inadequada, possam comprometer o reconhecimento e a recompensa de cada um dos membros do grupo. A título de exemplo, aquele incentivo financeiro para assiduidade e frequência já citado pode ser melhorado se criarmos em paralelo um incentivo/sanção para todo o grupo, ou seja, caso ninguém falte, todos recebem um incentivo adicional; caso um deles falte, mesmo que um só dia, todos perdem. A partir daí, cada um e todos vão pressionar para que ninguém do grupo falte.

CONCLUSÃO

Percorremos um longo caminho. Tentamos, e acredito que tenhamos conseguido, provar que liderança não é uma característica pessoal inata, nem um dom, nem competência. Liderança é uma tarefa e, como toda tarefa, pode ser ensinada e aprendida. É claro que algumas características e habilidades pessoais inatas permitem que determinadas pessoas possam se transformar em líderes cujas equipes atinjam melhores e maiores resultados. Uma liderança deve ser avaliada pelos resultados atingidos pela equipe. Melhores resultados, melhor a liderança. Fazer com que as pessoas e equipes consigam atingir resultados positivos é o objetivo precípuo da liderança. Nessa linha de raciocínio, a liderança positiva é, seguramente, aquela que permite aos líderes, qualquer que seja o estilo, fazer com que suas equipes consigam atingir desempenhos excepcionais, muito além do esperado. Exercer a liderança positiva é aprender a romper com antigos paradigmas e padrões. É um processo contínuo e sistemático de construir novos comportamentos e perspectivas. É um exercício permanente de superação e um aprendizado em ser otimista e passar uma imagem mais positiva.

Para a equipe, uma liderança é imagem e percepção. A imagem que as pessoas formam sobre uma liderança, com suas orientações, decisões e, sobretudo, seu comportamento profissional e pessoal, é construída a partir de mecanismos frágeis e versáteis, uma mistura das fontes de informação formais e informais e suas próprias percepções. O conteúdo da comunicação de um líder na frente da equipe, não importa quão competente e preparado ele seja, será apenas parte das informações percebidas. Outros pequenos detalhes talvez comuniquem até mais: comportamento, humor, gestos e olhares, tom de voz, postura, lugar, momento, maneira como um assunto é apresentado, anseios de uns e de outros, etc. O problema é que esses detalhes e atos falhos na comunicação se tornam símbolos definidores do estilo e da eficácia da liderança.

Comportamento e estilo são formas de linguagem. Comportamento é comunicação. A boa comunicação depende da compreensão mútua. A adaptação é o caminho para a produtividade e, consequentemente, o sucesso da atuação conjunta. O líder precisa buscar sinergia e adaptação. Um líder tem que ser resiliente para se adaptar aos estilos e necessidades de cada um dos seus liderados. É fundamental que ele crie oportunidades e esquemas que permitam aos liderados colocar suas dúvidas ou perguntas, expor suas percepções sobre os problemas, exprimir suas críticas, incompreensões e, às vezes, suas angústias. Os líderes ganharão sempre ao procurar conhecer o sentimento real de seus interlocutores, e preparar-se antes, em vez de apostar na resignação dos seus liderados. Esta é a principal estratégia para uma liderança positiva.

O sucesso de um líder depende muito do que os outros podem fazer por ele. Não há história de sucesso de um líder admirado que não esteja fortemente associada à existência de parceiros que o complementavam. A escolha de pessoas adequadas como parceiras é tarefa fundamental da liderança positiva. Bons parceiros são aqueles que formam com o líder uma equipe vencedora. Os parceiros mais adequados são aqueles com habilidades, competências e, sobretudo, com comportamento, personalidade e motivação que se complementam. Equipes compostas por pessoas diferentes, mas com preferências e competências complementares, são muito mais produtivas e eficazes. O líder positivo tem que aprender a avaliar e a escolher.

O processo de avaliação e escolha – seja de parceiros, de negócios, de boas ideias, de uma empresa ou de alternativas – é uma tentativa de previsão de como será o futuro. Buscam-se as melhores alternativas na perspectiva de hoje, imaginando-se que elas continuarão sendo as melhores também no futuro. São muitas variáveis, muitas incertezas. Um líder positivo tem que aprender a conviver com o risco e a incerteza. Tem que aprender a planejar, decidir e escolher. Escolher não é adivinhar. A pergunta não é "o que será que vai acontecer?", mas a questão correta é: "o que é que está acontecendo e vai mudar o futuro?". É fundamental para um líder estar permanentemente atento, identificando e avaliando tudo que está ocorrendo e que vai modificar e determinar o amanhã.

REFERÊNCIAS BIBLIOGRÁFICAS

BENNIS, W; BIDERMAN P. *Os gênios da administração.* Rio de Janeiro: Campus, 1986.

BLAKE, R. R.; MOUTON, J. S. *O novo grid gerencial.* São Paulo: Pioneira, 1980.

BRYMAN, A. *Carisma and leadership in organizations.* Londres: SAGE Publications, 1992.

BOSS, W. L. "Team building and the problem of regression: the PMI as an intervention". Journal of Applied Behavioral Science, 19, 67-83, 1983

CAMERON, K. S. *Positive leadership.* São Francisco: Berrett Koeler, 2008

CAMERON, K. S. *Building relantionships by communicating supportively.* New Jersey: Prentice Hall, 2007

CLAVIER, D. "Le sense du travail". Cahiers d'information du directeur de personnel, n. 23, 4eme trim., 1992

CLIFTON, D.O.; HARTER, J.K. *Investing in strengths.* In Cameron, K. S.; Dutton, J. E.; Quinn, R. E. (Eds). *Positive organizational scholarship: Foundations of a new discipline,* p. 111-121. São Francisco: Berrett-Kohler, 2003.

COLLINS, J; I. PORRAS, J.I. *Feitas para durar,* Rio de Janeiro: Rocco, 2001.

CUCCI C. C. ; GRASSI M. *Comment diriger, les secrets du vrai leader.* Paris: Editions de Vecchi, 2004.

DAZZI, M. C. S. A influência do capital de liderança na transformação organizacional rumo a gestão do conhecimento: um estudo de caso em uma empresa catarinense. 2002. 242 f. *Dissertação* (Mestrado em Administração): Programa de Pós-Graduação em Administração, Universidade Federal de Santa Catarina, Florianópolis, 2002.

DALTON, G. W.; THOMPSON, P. H. *Novations: strategies for career management.* Pearson Scott Foresman, 1985.

DAMÁSIO, A. *O erro de Descartes: emoção, razão e o cérebro humano.* Lisboa: Europa-América. 1994.

DRUCKER, P. *Desafios gerenciais para o sculo XXI.* São Paulo: Thomson Pioneira, 1999.

DUTTON, J. E.; RAGINS, B. R. *Exploring positive relationships at work.* New Jersey: Erlbaum, 2007

FREDRICKSON, B. L. *Positive emotions. Positive organizational scholarship,* pp. 163-175. São Francisco: Berrett Koeler, 2003.

GARDNER, H. *Inteligências múltiplas: a teoria na prática.* Porto Alegre: Artes Médicas, 1995.

_____. *Mentes que mudam; a arte e a ciência de mudar as nossas ideias e as dos outros.* Porto Alegre: Artmed Editora, 1995.

GOLEMAN, D. *Inteligência emocional.* Rio de Janeiro: Objetiva, 1995.

_____. *Trabalhando com a inteligência emocional.* Rio de Janeiro: Objetiva, 1999.

GUIMARÃES, G. *Tempos de grandes mudanças.* São Paulo: Senac, 2008

_____. *Esta desabalada carreira.* 2.ed. São Paulo: Eskalab, 2009.

HERSEY, P.; BLANCHARD, K. *Psicologia para administradores: a teoria e as técnicas da liderança situacional.* São Paulo: Pedagógica e Universitária, 1986.

HORN, J. H. *Theory of fluid and cristallized intelligence.* In R. J. Stemberg (Org). *Advances in the psychology of human intelligence.* New Jersey: Lawrence Erlbaum. 1986.

HOLLANDER, E. P. *Leadership and social exchange processes.* In HOLLANDER, E.P. *Leadership dynamics: a practical guide to effective relationships.* Nova York: Free Press, 1979

HOUSE, R. J. "A path goal theory of leader effectiveness". *Administrative Science Quarterly,* 16, 321--338. 1971.

JAHODA, M. *Work, employment and unemployment: An overview of ideas and research results in the social science literature* (SPRU occasional paper series, University of Sussex, 1980).

KELMAN, H. C. "Compliance, identification, and internalization: three processes of attitude change". *Journal of Conflict Resolution,* 2, pp. 51-60, 1958.

KIRKPATRICK, D.L. *Evaluating training programs – the four levels.* Berrett-Koehler Publishers, Inc., 1994.

KOHLBERG, L. *Essays on moral development,* Vol. 1. São Francisco: Harper and Row, 1981.

_____. *Essays on moral development,* Vol. 2. São Francisco: Harper and Row. 1984.

LABERON, S. ; DUBOS, L. ; RIPON, A." Influence de la morphologie du candidat sur la decision d'embauche lors d'un entretien de recrutement". *Carriérologie,* Montreal, v.7, n. 1et 2, pp. 112--131, 1998.

LEDOUX, J. *O cérebro emocional: os misteriosos alicerces da vida emocional.* Rio de Janeiro: Objetiva, 1998.

LESCA, H. *Veille stratégique: la méthode L.E.SCAnning®.* Ed. EMS, p. 194, 2003.

LIKERT, R. *New patterns of management.* Nova York: McGraw-Hill. 1961.

_____. *A organização humana.* São Paulo: Atlas, 1975.

LITWIN, G. H.; STRINGER, R. A. Jr. *Motivation and organizational climate.* Boston: Division of Research Harvard Business Scholl, 1968.

LOSADA, M; HEAPHY, E. D. "Positivity and Connectivity". *American Behavioral Scientist,* 2004, 47(6); pp. 740-765.

LUDEMAN, K; ERLANDSON, E. *A Síndrome do macho-alfa.* Rio de Janeiro: Campus, 2006.

MAYER, J. D.; SALOVEY, P. "The intelligence of emotional intelligence". *Intelligence,* 17, pp. 433--442. 1993.

MAYER, J. D.; SALOVEY, P. *What is emotional intelligence? In* P. Salovey; D. J. Sluyter (Orgs). *Emotional development and emotional intelligence.* Nova York: Basic Books, 1997.

MCLUHAN, M. *Guerra e paz na aldeia global.* Rio de Janeiro: Record, 1971.

NADLER, D. A.; TUSHMAN, M. L. *Arquitetura organizacional.* Rio de Janeiro: Campus, 1994.

REINACH, F. *O Estado de São Paulo,* São Paulo, p. 18, 15 abr. 2009.

RAUCH, C.; BEHLING, O. *Leaders and managers international perspectives on managerial behavior & leadership.* Nova York: Pergamon 1984.

SELIGMAN, M. *Aprenda a ser otimista,* 2. ed. Rio de Janeiro: Nova Era, 2005.

STEMBERG, R. J. *The triarchic theory of intelligence. In* D. P. Flanagan et al. (Orgs). *Contemporary intellectual assessment: theories, tests and issues.* Nova York: Guilford Press, 1997.

ULRICH, D. *A marca da liderança.* Rio de Janeiro: Best Business, 2009.

_____. *O código da liderança.* 2. Ed. Rio de Janeiro: BestSeller, 2011.

WYSOCKI, R. *Building effective project teams.* Nova York: John Wiley & Sons Inc., 2001.

Contato com o autor:
gguimaraes@editoraevora.com.br

Este livro foi impresso em papel Offset 75 g
pela gráfica Edições Loyola